Xiang Wang

Früchte schneiden und schnitzen

Cutting and carving fruit

Couper et tailler des fruits

Tagliare e intagliare la frutta

Das grosse Lehrbuch Nr. 2
Früchte schneiden und schnitzen

Le grand manuel n° 2
Couper et tailler des fruits

The ultimate textbook number 2
Cutting and carving fruit

Il Grande Manuale no. 2
Tagliare e intagliare la frutta

Impressum
Imprint
Impressum
Impressum 6

Die Kunst des Gemüse- und Früchteschnitzens
The art of carving fruit and vegetables
L'art de sculpter les fruits et légumes
L'arte di intagliare frutta e verdura 8

Die wichtigsten Arbeitsgeräte
The main tools
Les principaux outils
Gli attrezzi di lavoro più importanti 10

Das Schnitzen in der Praxis
Carving in practice
La pratique de la sculpture
L'arte dell'intaglio nella pratica 12

Mit Liebe geschnitzt
– mit Sorgfalt aufbewahrt
Carved with affection – stored with care
Sculpté avec passion – conservé avec soin
Intagliare con amore –
conservare con cura 14

Lektion • Lesson • Leçon • Lezione

Ananas
Pineapple
Ananas
Ananas

1 16

Mango
Mango
Mangue
Mango

2 36

Zitrusfrüchte
Citrus fruits
Agrumes
Agrumi

3 46

Banane
Banana
Banane
Banana

4 56

Apfel/Birne
Apples and pears
Pommes et poires
Mele e pere

5 60

Melone
Melon
Melons
Melone

6 72

Kirschen
Cherries
Cerises
Ciliegie

7 103

Lektion • Lesson • Leçon • Lezione

8 106

Steinobst
Stone-fruit
Fruits à noyau
Frutta estiva

9 126

Trauben
Grapes
Raisins
Uva

10 129

Feigen
Figs
Figues
Fichi

11 132

Rhabarber
Rhubarb
Rhubarbe
Rabarbaro

12 136

Wassermelone
Watermelon
Pastèque
Anguria

13 160

Kiwi
Kiwi
Kiwi
Kiwi

14 166

Papaya
Papaya
Papaye
Papaya

15 182

Avocado
Avocado
Avocat
Avocado

Internationale Fachschule für Kochartistik
International School for Culinary Art
Ecole internationale de décoration gastronomique
Scuola tecnica internazionale di creazioni
artistiche della gastronomia 189

Werkzeuge
Tools
Outils
Utensili 198

Nachwort von Veronica Mannhart
Epilog by Veronica Mannhart
Epilogue de Veronica Mannhart
Epilogo di Veronica Mannhart 206

Schlussgedanken von Xiang Wang
Final remarks by Xiang Wang
Remarques finales de Xiang Wang
Parole finale di Xiang Wang 207

Impressum
Imprint
Impressum
Impressum

Herausgeber/Verlag/Editor/publisher/Editeur/Editore
© Copyright 2000 by:
Andy Mannhart AG
Fachschule für Kochartistik
CH-6044 Udligenswil-Luzern Switzerland
Tel. +41 41 375 02 20, Fax +41 41 375 02 22
info@andymannhart.com
www.andymannhart.com

Projektleitung/Project manager/Direction du projet/Direzione del progetto
Brunner AG, Verlag · Print · PubliShop®, CH-6010 Kriens
www.bag.ch

Konzeptionelle Beratung/Planning consultant/
Consultant de conception/Consulenza specialistica
Herbert Huber, Profit Gastronomie, CH-6370 Stans

Bildgestaltung und Fotos/Design and photography/
Illustrations et photographies/Grafica e immagini
b&b digital-fotografie
Hans Peter Blunier, CH-6010 Kriens

Texte/Text/Textes/Testi
Maya Murer, Journalistin, CH-6371 Oberdorf NW

Übersetzung/Translation/Traduction/Traduzione
Apostroph AG, CH-6000 Luzern 6

Butter- und Eisskulpturen/Butter and ice sculptures/
Sculptures sur beurre et sur glace/Sculture di burro e di ghiaccio
Toni Steininger, Andy Mannhart AG

Grafische Gestaltung, Lithos, Satz und Druck
Graphic design, lithography, typesetting and printing
Réalisation graphique, lithographie, composition et impression
Impostazione grafica, lito, composizione e stampa
Brunner AG, Verlag · Print · PubliShop®, CH-6010 Kriens
www.bag.ch

Einband/Cover/Reliure/Rilegatura
Buchbinderei Burkhardt AG, CH-8617 Mönchaltorf

Geschirr und Gläser/Crockery and glasses/
Verres et vaisselle/Stoviglie e bicchieri
Berndorf AG, CH-6014 Littau
Hergiswiler Glas AG, CH-6052 Hergiswil

ISBN 3-9522048-0-3
Printed in Switzerland

Die Kunst des Gemüse- und Früchteschnitzens

Die hohe Handwerkskunst des Gemüse- und Früchteschnitzens stammt aus dem Fernen Osten und hat eine jahrtausendealte Tradition. Allerdings sind die Unterschiede zwischen den einzelnen Techniken der jeweiligen Länder wie etwa zwischen Grillieren und Dämpfen.
Die **Chinesen** zum Beispiel arbeiten mit einer ganz anderen Technik als die Thailänder. So schnitzen sie mehrheitlich Gemüse und meistens gegenständlich in Form von Tieren, Türmen usw. Dabei arbeiten sie mit einem grossen Werkzeug-Sortiment, bestehend aus verschiedenen Meisseln, Messern und Schablonen. Die **Thailänder** dagegen schnitzen fast ausschliesslich Früchte in Form von Blumen. Sie benutzen dazu nur ein Messer mit flexibler Klinge, das so genannte Thaimesser. Die **Japaner** wiederum arbeiten ähnlich wie die Chinesen, wobei sie aber mehr ausstechen als schnitzen. Jede dieser Techniken hat ihre Vorteile – und ihre Tücken!
Die Schnitzkunst der Chinesen mit den verschiedenen Meisseln ist für uns Europäer einfacher zu erlernen und geht uns gut zur Hand. Das korrekte Thaischnitzen hingegen ist für uns kaum fassbar. Sie benutzen ausschliesslich das biegsame Thaimesser und sie arbeiten immer vom Körper weg. Eine Art und Weise, die für uns sehr fremd und schwer erlernbar ist.
In unseren Kursen und in den Büchern präsentieren und lehren wir eine neue Schnitztechnik. Sie kombiniert die Vorteile des China- und Thaischnitzens mit der europäischen Handhabung. Deshalb ist sie leichter erlernbar und kann mit ein wenig Übung sofort in die Praxis umgesetzt werden.

The art of carving fruit and vegetables

The art of carving fruit and vegetables originates in the Far East. It requires great skill and has been part of the tradition there for thousands of years. However, the techniques vary from country to country and can be as different each from each as, let's say, grilling and steaming food.
The **Chinese** and Thai techniques, for example, have very little in common. In China there is generally a tendency to make representational vegetable carvings of animals or towers etc. They work with a wide range of tools including a variety of chisels, knives and stencils. **Thai people,** on the other hand, almost exclusively carve fruit into flower designs and complete their decorations using just one knife, the so-called Thai knife with its flexible blade. The technique used by the **Japanese** is once again closer to the Chinese. However, they prefer using cutters for their designs rather than carving them. As one might expect, each technique has its advantages and disadvantages!
The Chinese technique using different types of chisels suits Europeans better and is therefore easier for them to learn. The correct Thai carving method is almost incomprehensible for us. The Thai knife with its flexible blade is the only tool used and work is always done from the body outwards. This procedure is very alien to us and is therefore very difficult for us to learn.
Our courses and books teach and show a new carving technique. This combines the advantages of the Chinese and Thai carving techniques while taking European work methods into account. This makes it easier for us to learn and means that carved decorations can be created after just a little practice.

L'art de sculpter les légumes et les fruits

Le grande tradition artisanale de la sculpture des fruits et légumes a ses origines en Extrême-Orient, où cet art est cultivé depuis des millénaires. Il existe cependant des différences importantes entre les techniques des différents pays – à peu près comme la différence entre la cuisson au gril ou à la vapeur.
Les **Chinois,** par exemple, usent d'une toute autre technique que les Thaïlandais: ils sculptent surtout les légumes, généralement en formes d'objets, de bâtiments ou d'animaux, en travaillant avec toute une série d'outils tels que de différents burins, couteaux et modèles. Les **Thaïlandais**, par contre, sculptent presque exclusivement des fruits, en formes de fleurs. Ils se contentent pour cela d'un couteau à lame flexible, connu sous la désignation de couteau thaï. Les **Japonais,** quant à eux, travaillent un peu comme les Chinois, mais font plutôt de la découpe que de la sculpture ou du ciselage. Chacune de ces techniques a ses propres avantages – et ses pièges!
Pour les Européens, l'art de la sculpture à la chinoise avec plusieurs burins différents est facile d'accès. Nous apprenons vite à l'appliquer. Par contre, la réalisation correcte de sculptures à la thaïlandaise nous est presque inaccessible. Les Thaïlandais travaillent exclusivement avec le couteau thaï à lame flexible, par gestes s'éloignant du corps. C'est une façon de travailler qui nous est très étrangère et que nous avons donc beaucoup de mal à apprendre.
Dans nos cours et dans nos livres, nous présentons et enseignons une nouvelle technique de sculpture, qui associe les avantages des techniques chinoises et thaïlandaises avec les habitudes européennes. Elle est donc plus facile à apprendre et peut être mise en œuvre dans la pratique tout de suite, après un peu d'entraînement.

L'arte di intagliare frutta e verdura

La pregiata arte manuale dell'intaglio di frutta e verdura ha origine nell'Estremo Oriente e può vantare una tradizione ormai millenaria. Esistono tuttavia differenze tra le varie tecniche dei diversi paesi, così come differiscono la cottura al grill da quella al vapore.
I **Cinesi** per esempio lavorano con una tecnica completamente diversa dai tailandesi. Si dedicano infatti perlopiù all'intaglio di verdure a forma di animali, torri ecc., lavorando con una vasta gamma di utensili, che comprende diversi scalpelli, coltelli e forme. I **Tailandesi** invece prediligono quasi esclusivamente l'intaglio di fiori nella frutta. Per farlo usano solo un coltello dalla lama flessibile, il cosiddetto coltello thai. I **Giapponesi** al contrario lavorano in modo analogo ai cinesi, preferendo però ricavare forme mediante gli stampini piuttosto che intagliando. Ognuna di queste tecniche ha i suoi vantaggi – e i suoi tranelli!
Con i suoi diversi scalpelli, l'arte d'intaglio dei cinesi risulta a noi europei più facile da imparare e riusciamo a padroneggiarla meglio. La corretta modalità tailandese dell'intaglio ci resta quasi incomprensibile per le sue modalità: si usa solo il coltello thai flessibile e si lavora lontani dal corpo. Un tipo di intaglio che ci appare poco chiaro e difficilmente applicabile.
I nostri corsi e i libri presentano e insegnano invece una nuova tecnica d'intaglio che combina i vantaggi dell'intaglio cinese e tailandese con la manualità europea. Per questo è facile da apprendere e, con un po' d'esercizio, può essere subito messa in pratica.

Die wichtigsten Arbeitsgeräte
The main tools
Les principaux outils
Gli attrezzi di lavoro più importanti

F-keep-fresh Spray. Regelmässiges Besprayen, vor allem auch während des Schnitzens, garantiert, dass Ihre Früchte nicht braun werden und eine deutlich längere Haltbarkeit.

F-keep-fresh spray. Regular spraying, also particularly during carving, is guaranteed to stop your fruit turning brown and keeps it fresh considerably longer.

F-keep-fresh spray. L'application régulière, surtout pendant le travail de sculpture, garantit que vos fruits se conserveront plus longtemps et ne bruniront pas.

Spray F-keep-fresh. Cospargendolo regolarmente sulla frutta durante le operazioni d'intaglio garantisce che le vostre opere non anneriscano, conservandosi inoltre molto più a lungo.

Steck- und Befestigungshilfen.

Fixing and attaching aids.

Auxiliaires d'assemblage et de fixation.

Supporti per infilzare e per fissare.

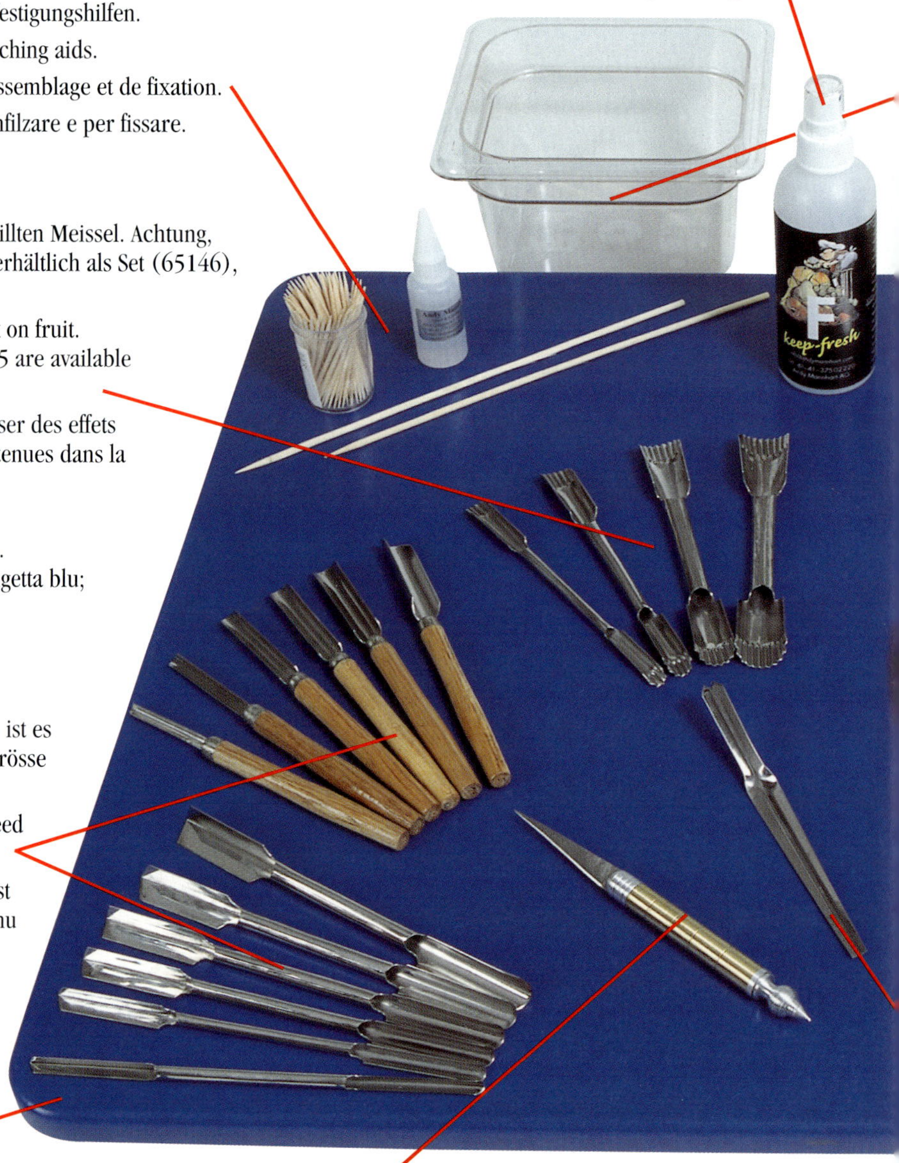

Besonders effektvoll bei den Früchten sind die runden, gerillten Meissel. Achtung, Grösse 1+2 sind im blauen Koffer enthalten. Grösse 4+5 sind erhältlich als Set (65146), siehe Seite 201.

The round, fluted chisels are particularly effective for work on fruit. Please note: sizes 1+2 are contained in the blue case. Sizes 4+5 are available as a set (65146), see page 201.

Les burins ronds cannelés sont de grande utilité pour réaliser des effets particuliers avec des fruits. Attention: les tailles 1 et 2 sont contenues dans la mallette bleue. Les tailles 4 et 5 sont disponibles ensemble (jeu de 2 burins, 65146), voir page 201.

Scalpelli rotondi scanalati. Creano grandi effetti sulla frutta. Attenzione: scalpelli di grandezza 1+2 sono contenuti nella valigetta blu; grandezza 4+5 disponibili come set (65146) vedi pag. 201.

Meissel in verschiedenen Grössen. Für die meisten Blumen ist es wichtig, dass die Meissel in einer gleichmässig aufsteigenden Grösse vorhanden sind (V und U).

Chisels in several sizes. To carve flowers you will usually need chisels in progressively increasing sizes (V- and U-shaped).

Burins de différentes tailles. Pour la plupart des fleurs, il est important de disposer de burins de tailles croissantes en continu (en forme de V et en forme de U).

Scalpelli di diverse misure. Per creare la maggior parte dei fiori è importante disporre di scalpelli di dimensioni crescenti (V e U).

Hygienisches Schneidebrett.

Hygienic cutting board.

Planche à découper hygiénique.

Tagliere igienico.

Das wohl wichtigste Messer bei den Früchten, das Thaimesser. Die Spitze dient zum Vorzeichnen. Die flexible Klinge garantiert einfaches Schneiden. Wichtig, da die flexible Klinge rosten kann, immer nach Gebrauch in die Butter stecken und anschliessend in die Hülse. Dies garantiert eine lange Lebensdauer!

The Thai knife is probably the most important knife when working on fruit. Its point can be used to draw outlines and its flexible blade ensures easy cutting. Important: To prevent the blade from going rusty, please remember to press it into butter before putting it into its cover after use. This will prolong the life of the knife!

Le couteau thaï: c'est certainement le couteau le plus important pour les fruits. La pointe sert à esquisser les formes, la lame flexible facilite le découpage. Etant donné que la lame flexible peut s'oxyder, il faut planter le couteau thaï dans du beurre après chaque emploi, avant de le ranger dans sa gaine. Ainsi, il restera longtemps en bon état!

Il coltello thai, senz'altro il più importante nell'intaglio della frutta. La punta serve a delineare i contorni delle figure, la lama flessibile facilita il taglio. Importante: dato che la lama può arrugginire, passarla sempre nel burro dopo l'uso e riporla nel suo astuccio. Questo procedimento garantisce la sua lunghissima durata!

Eimer. Möglichst verschiedene Eimer für kompostierbare Abfälle sowie ein Behälter für Früchteresten, die im Fruchtsalat, in Cremen, Früchtesaucen oder Glace wiederverwertet werden können.

Buckets. If possible there should be separate buckets – one for waste which is intended for compost and another for fruit left-overs, which can be used in fruit salads, creams, fruit sauces or ice cream.

Seau: si possible, prévoyez un seau séparé pour les déchets compostables, ainsi qu'un récipient pour les restes de fruits que vous voulez réutiliser pour des crèmes, des coulis de fruits ou des glaces.

Secchiello. Tenere pronti diversi secchi per rifiuti destinati al compostaggio, come pure un contenitore per riporre i resti di frutta che possono essere riutilizzati in macedonie, creme, salse di frutta o gelati.

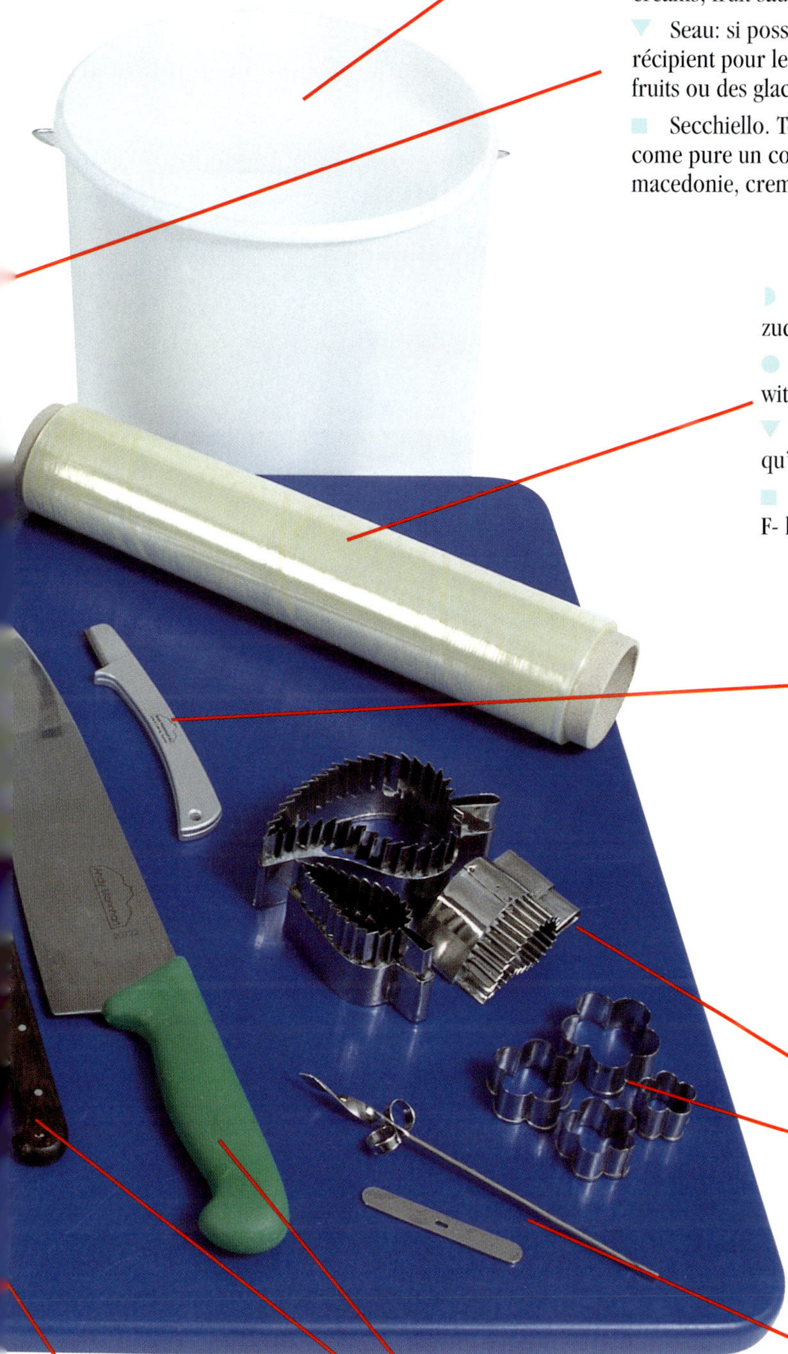

Folie. Fertig geschnitzte Teile besprühen und sofort mit der Folie zudecken.

Foil. Once carving has been completed, spray the item and cover it with foil immediately.

Film plastique. Traitez vos pièces sculptées au pulvérisateur dès qu'elles sont finies, puis recouvrez-les immédiatement de film plastique.

Pellicola trasparente. Le parti ultimate vanno spruzzate di spray F- keep-fresh e protette subito con la pellicola.

Messerschärfer für stets gut geschliffene Messer und Meissel!

Knife sharpener to ensure your knives and chisels are always sharp!

Aiguisoir pour des couteaux et burins toujours bien tranchants!

Acciarino, per avere sempre coltelli e scalpelli ben affilati!

Ausstecher für schnelle Dekorationen.

Cutters for quick decorations.

Découpoirs pour des décorations rapides.

Stampini per creare veloci decorazioni.

Gut geschliffene Messer.

Well sharpened knives.

Couteaux bien aiguisés.

Coltelli ben affilati.

Dekorationshilfe.

Decorating aid.

Auxiliaire de décoration.

Strumento per la decorazione.

Markierungsmeissel.

Marking chisel.

Burin à marquer.

Scalpello per demarcare.

Das Schnitzen in der Praxis

Beim Schnitzen gibt es zwei Wege, um anzufangen:
1. Man hat die Frucht und sucht das entsprechende Sujet
oder
2. Man hat das Sujet und sucht die entsprechende Frucht.
Bei der ausgewählten Frucht müssen verschiedene Punkte berücksichtigt werden:
– Schale der Frucht
– Festigkeit des Fruchtfleisches (die Schnitztechnik muss dem Reifegrad angepasst werden)
– Höhle in der Frucht
– Kerne oder Steine
Die Frucht bestimmt die Form des Kunstwerkes! Profis entscheiden über das Sujet, wenn sie die Frucht in der Hand halten und deren Eignung prüfen können.
Nach der Auswahl der Frucht gilt es ernst:
– Grundsätzlich immer noch etwas unreife Früchte zum Schnitzen verwenden (sie halten sich auch länger frisch)
– Die Frucht genau studieren, um eine optimale Ausnutzung zu ermöglichen
– Was für Farben hat die Frucht und die Schale und wie kann die Mehrfarbigkeit auf das Sujet übertragen werden? (Bilder 1+2)
– Können Stiel, Blätter und Stielansatz in das Sujet einbezogen oder später weiterverwendet werden? (Bild 3)
– Das richtige Werkzeug auswählen
– Die Messer sorgfältig schleifen. Mit gut geschliffenem Werkzeug schneidet und schnitzt es sich viel einfacher, die Unfallgefahr wird erheblich gemindert. Gewöhnen Sie sich deshalb an, vor jeder neuen Arbeit das Werkzeug zu schleifen (siehe Lehrbuch Wang Nr. 1, Seiten 26–27). (Bild 4)
– Den ganzen Ablauf der Schnitztechnik im Kopf durchspielen

1

2

– Wenn nötig Markierungspunkte auf die Frucht setzen
– Mit dem Schnitzen beginnen
Wie bei jedem Handwerk gilt auch beim Früchteschnitzen: Übung macht den Meister! Vor allem das dünne, exakte Schneiden muss gelernt sein. Es lohnt sich, einzelne Schnitztechniken, wie zum Beispiel eine Rosenknospe, bis zur Perfektion zu üben. Diese Blüte kann vielfältig verwendet werden, sei sie aus Früchten oder Gemüse geschnitzt.
Zu beachten ist auch der richtige Umgang mit der Frucht während und die Aufbewahrung nach dem Schnitzen (siehe Kapitel Aufbewahrung, Seiten 14+15). Ganz empfindliche Früchte wie etwa Äpfel müssen bereits während des Schnitzens entsprechend behandelt werden, damit sie ihre schöne frische Farbe behalten.
Die Kunst des Schnitzens erfordert Geduld, Konzentration und Aufmerksamkeit sowie Respekt gegenüber dem wertvollen Naturprodukt. Es ist eine meditative Arbeit voller Kreativität, deren Lohn die Freude, die Überraschung und die Bewunderung der Betrachter ist.

Carving in practice

Carving a decoration can be approached from two different angles:
1. You have a fruit and need to find a suitable design or
2. You have chosen a design and need to find a suitable fruit.
Once the fruit has been chosen the following factors must be taken into account:
– the skin or rind of the fruit
– the firmness of the flesh (the carving technique must be adjusted according to the degree of ripeness of the fruit)
– the hollow area in the fruit
– the pips and stones
The fruit determines the shape of the work of art! Professional carvers decide on the design once they hold the fruit in their hands and are able to examine the fruit's suitability.
Once the fruit has been chosen it is time to do some serious work:
– in principle fruits used for carving should not be completely ripe (they have the added advantage of staying fresh longer)
– examine the fruit carefully. This will allow you to take optimum advantage of its features.
– consider the colours of the fruit and its skin/rind to determine in what way these could be taken advantage of in terms of the design (pictures 1 and 2).
– can the stalk, leaves or stalk joint be integrated in the design or used later? (picture 3)
– choose the appropriate tools.
– sharpen the knives carefully. Working with properly sharpened tools is much easier and decreases the risk of accidents considerably. You should therefore get into the habit of sharpening the tools every time you start a new project (see Wang textbook number 1, pages 26–27). (picture 4)
– run the entire process of the carving technique through your head.
– identify relevant points of the fruit if necessary.
– start carving.
Fruit carving is a skill like any other and the saying «practice makes perfect» applies in this case too! Cutting thin, precise layers in particular must be learnt carefully! It is well worth practising certain techniques, such as carving a rose bud, to perfection. This flower can be used in many different ways when carving fruit or vegetables.
It is also very important to handle the fruit correctly during carving as well as later on when storing the decoration once carving has been completed (see chapter on storage, pages 14+15). Very sensitive fruits, such as apples, must be treated accordingly during carving to ensure they keep their beautiful fresh colour.
The art of carving requires patience, concentration and attention as well as respect for the valuable natural product.
The work is meditative and very creative. Its rewards are pleasure, surprise and the admiration of everyone who sees the completed piece.

La sculpture dans la pratique

Il y a deux accès pour commencer une sculpture:
On a un fruit, pour lequel on définit le sujet approprié
ou
On a prévu un sujet, pour lequel on cherche le fruit qui convient.
Pour le choix du fruit, il faut prendre en considération différents aspects:
- l'écorce du fruit
- la fermeté de la pulpe (la technique de sculpture doit être adaptée au degré de maturité du fruit)
- cavité dans le fruit
- pépins ou noyau

Le fruit détermine la forme de l'ouvrage! Les spécialistes décident du sujet une fois qu'ils tiennent le fruit en main et peuvent juger de son potentiel.
Une fois le fruit choisi, il faut considérer les points suivants:
- toujours utiliser pour la sculpture des fruits qui ne sont pas encore tout à fait mûrs (ils ont aussi l'avantage de rester frais plus longtemps)
- étudier soigneusement le fruit, afin de pouvoir l'utiliser de façon optimale
- quelles sont les couleurs du fruit – de l'écorce et de la pulpe? Comment tirer profit des variations de couleur pour le sujet choisi? (illustrations 1 et 2)
- peut-on intégrer la tige, les feuilles et l'emplacement de la tige à la réalisation du sujet, ou les utiliser ultérieurement? (illustration 3)
- choisir les outils appropriés
- soigneusement affûter les couteaux: avec des outils bien tranchants, le travail de sculpture et de découpe est beaucoup plus facile et le risque d'accidents nettement réduit. Il est donc vivement recommandé de vous habituer à affûter vos outils avant chaque nouvelle sculpture (voir manuel Wang n° 1, pages 26 et 27). (illustration 4)
- se représenter en esprit toutes les étapes du déroulement technique
- marquer des repères sur le fruit si nécessaire
- commencer la sculpture

La règle générale pour tout travail artisanal s'applique également à la sculpture de fruits: la perfection vient en s'exerçant! C'est notamment le cas pour la découpe exacte d'éléments fins, qui nécessite beaucoup de pratique. Cela vaut la peine de s'entraîner jusqu'à la perfection aux différentes techniques particulières de sculpture, comme par exemple à la sculpture de boutons de rose. Cette fleur peut être utilisée dans une grande variété d'ouvrages, sur des fruits ou sur des légumes.
Il faut également veiller à une manipulation adéquate des fruits pendant le travail, et à une conservation appropriée par la suite (voir le chapitre «Conservation», pages 14+15). Les fruits particulièrement sensibles à l'air ambiant, comme par exemple les pommes, doivent recevoir un traitement approprié déjà pendant le travail de sculpture pour garder leur belle couleur fraîche.
L'art de la sculpture demande patience et concentration, ainsi que le respect du précieux produit naturel. C'est une occupation méditative et pleine de créativité, qui sera récompensée par le plaisir, la surprise et l'admiration de votre public.

L'intaglio in pratica

Esistono due possibilità per iniziare un intaglio:
Si possiede un frutto e si cerca un soggetto adatto oppure
Si possiede un soggetto e si cerca il frutto adatto.
Nella scelta del frutto occorre considerare diversi aspetti:
- buccia del frutto
- compattezza della polpa (bisognerà adattare la tecnica d'intaglio al grado di maturazione del frutto in questione)
- presenza di cavità
- presenza di noccioli o semi

Suggerimento: sarà il frutto a determinare la forma dell'intaglio! I professionisti decidono quale soggetto intaglieranno quando hanno in mano il frutto e possono verificarne l'idoneità.
Dopo aver scelto il frutto:
- per l'intaglio è preferibile usare sempre frutta leggermente acerba (che inoltre si mantiene più a lungo)
- osservare con attenzione il frutto per decidere come utilizzarlo al meglio
- osservare i colori della polpa e della buccia del frutto: come sfruttare al meglio nell'intaglio le diverse caratteristiche di colore? (foto 1+2)
- il gambo, le foglie e il picciolo possono essere utili nella realizzazione del soggetto o devono essere invece sfruttati in seguito? (foto 3)
- scegliere gli utensili giusti
- affilare con cura i coltelli. Utensili perfettamente affilati facilitano il taglio e l'intaglio facendo diminuire notevolmente il pericolo di incidenti e ferite. Abituatevi quindi ad affilare i vostri utensili prima di ogni nuovo lavoro (vedi Manuale Wang no. 1, pagine 26–27). (Foto 4)
- ripetere mentalmente tutte le fasi della realizzazione dell'intaglio
- se necessario, segnare sul frutto punti di riferimento
- iniziare l'intaglio

Come per qualsiasi altra arte manuale, anche per l'arte dell'intaglio vale la regola seguente: l'esercizio rende maestri!
E' importante esercitare soprattutto il taglio sottile e preciso della polpa. Vale la pena, poi, dedicarsi all'apprendimento e alla pratica di singole tecniche d'intaglio, come per esempio quella del bocciolo di rosa, fino a raggiungere la perfezione. L'applicazione di tale modello è vastissima sia nella frutta che nella verdura.
Da non sottovalutare è poi il corretto trattamento della frutta durante l'intaglio e per la sua conservazione (vedi capitolo sulla conservazione, pagine 14+15). La frutta più sensibile all'aria, come per esempio la mela, va trattata già durante le fasi di lavorazione affinché mantenga intatti il suo bel colore e la sua freschezza.
L'arte dell'intaglio richiede pazienza, concentrazione e attenzione. Ma anche rispetto per il prezioso prodotto della natura. Si tratta di un lavoro meditativo pieno di creatività, il cui compenso è la gioia, la sorpresa e l'ammirazione suscitate negli osservatori.

Mit Liebe geschnitzt – mit Sorgfalt aufbewahrt

Für Früchte gelten andere als die im Lehrbuch Wang Nr. 1 beschriebenen Regeln zur Aufbewahrung von Gemüse. Im unreifen Zustand geschnitzt, können Früchte lange erhalten bleiben, wenn sie richtig behandelt werden. Dabei unterscheiden wir zwischen kleinen und grossen Objekten:

Carved with affection – stored with care

The rules for storing fruit are different to those for vegetables described in Wang textbook number 1. Fruits which have been carved when unripe will keep for a long time, if treated correctly. The procedure for storing small decorations is different to that for large ones.

Sculpté avec passion – conservé avec soin

D'autres règles s'appliquent aux fruits qu'aux légumes, dont les règles de conservation sont décrites dans le manuel Wang n° 1. Sculptés à l'état immature, les fruits peuvent être conservés longtemps – à condition de recevoir un traitement adéquat. Nous distinguons pour cela entre les petits et les grands ouvrages:

Intagliare con amore – conservare con cura

Le regole per la conservazione della frutta differiscono da quelle elencate nel Manuale Wang no. 1 per la conservazione della verdura. Se intagliata ancora acerba, la frutta può mantenersi a lungo quando viene trattata adeguatamente. Occorre distinguere tra frutta di piccole e di grandi dimensioni:

Kleine geschnitzte Objekte

Small carved decorations

Petites sculptures

Intagli di piccole dimensioni

Geschnitzte Objekte in Behälter platzieren und mit dem F-keep-fresh-Spray besprühen.

Place the small, carved object in a container and spray it with F-keep-fresh.

Placez les sculptures dans un récipient et vaporisez du F-keep-fresh.

Sistemare la frutta intagliata in un contenitore e cospargerla con lo spray F-keep-fresh.

Wenn mehrere Objekte übereinander gestapelt werden, mit Folie abdecken und die neuen eingestapelten Dekorationen wiederum besprühen.

If decorations are stored in several layers, cover the bottom layer with foil before placing the new layer of decorations on top of it. Then spray this layer again.

Si vous empilez plusieurs sculptures, couvrez chaque couche de film plastique avant d'ajouter la suivante et de vaporiser de nouveau.

Se si desiderano sovrapporre più parti nello stesso contenitore, ricoprire ognuna con la pellicola trasparente e cospargere ogni singolo pezzo con lo spray.

Die Behälter mit Deckel oder Folie luftdicht verschliessen und im Kühlschrank aufbewahren.

Cover the container with a lid or some foil to make it airtight. Keep refrigerated.

Fermez hermétiquement le récipient à l'aide du couvercle ou de film plastique avant de le mettre au réfrigérateur.

Sigillare il contenitore con il coperchio o con la pellicola trasparente in modo che non vi entri aria e riporlo in frigorifero.

Geschnitztes Objekt ausreichend mit F-keep-fresh-Spray besprühen.

Spray the carved decoration generously with F-keep-fresh!

Vaporisez suffisamment de F-keep-fresh sur l'ouvrage.

Cospargere il frutto intagliato con abbondante spray F-keep-fresh.

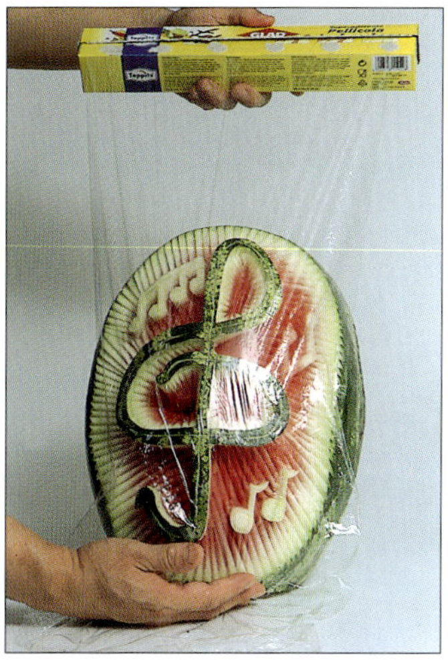

Sorgfältig mit Folie umwickeln.

Carefully wrap it in foil.

Enveloppez soigneusement votre œuvre dans du film plastique.

Avvolgerlo con cura nella pellicola trasparente.

Grosse geschnitzte Objekte

Large carved decorations

Grands ouvrages sculptés

Intagli di grandi dimensioni

Bei sehr grossen Objekten Frucht von 2 Seiten umwickeln, damit sie wirklich komplett luftdicht abgepackt ist.

Wrap very large objects from two sides to ensure packaging is completely airtight.

Enveloppez les très grands ouvrages de deux côtés dans du film plastique, pour qu'ils soient bien à l'abri de l'air ambiant.

Se si tratta di un frutto particolarmente grosso, avvolgerlo da entrambi i lati affinché sia davvero a tenuta stagna.

Die sauber abgepackte Frucht im Kühlschrank aufbewahren.

Keep the cleanly wrapped fruit in the refrigerator.

Conservez le fruit dûment emballé au réfrigérateur.

Conservare il frutto ben impacchettato nel frigorifero.

Unterschied zwischen eingesprühten und nicht eingesprühten Kunststücken.

Difference between a work of art which has been sprayed with F-keep-fresh and one which has not.

Différence entre une décoration avec vaporisation et une décoration non traitée.

Differenza tra modelli trattati e non trattati.

Wenn Sie diese Schritte befolgen, können Sie die Dekorationen für Ihr Buffet bereits Tage im Voraus schnitzen. In der Stunde Ihres grossen Auftritts präsentieren sich die Kunstwerke wie frisch gemacht.

If you follow these steps you will be able to carve your decorations many days in advance and when the time comes to display the works of art they will look beautifully fresh.

Si vous suivez ces conseils, vous pourrez sculpter les décorations de votre buffet plusieurs jours à l'avance. Lorsque votre grande heure sera venue, votre ouvrage se présentera comme s'il venait d'être sculpté.

Seguendo queste indicazioni potrete realizzare le decorazioni per i vostri buffet già con qualche giorno d'anticipo. E il giorno in cui dovranno fare bella mostra di sé, queste opere d'arte si presenteranno fresche e colorate come appena fatte.

Ananas

Die Königin der Tropenfrüchte mit dem indianischen Namen war nicht nur die Lieblingsfrucht Ludwigs XV., auch der englische Landadel war hingerissen von der exotischen Frische der «pineapple», wie sie dort in Anlehnung an einen grossen Kieferzapfen genannt wurde. Lange Zeit blieb die Frucht eine teure Rarität. Auch heute noch, obwohl sie schon alltäglich wurde, hat sie nichts von ihrer exotischen Ausstrahlung verloren. In vollreifem Zustand – bei uns leider selten anzutreffen, da die Früchte für den Export grün geerntet werden und unvollkommen nachreifen – zeichnet sie sich durch einen intensiven Duft und einzigartigen Geschmack aus. Dieser betörende Duft, am bestem am Stielansatz wahrzunehmen, ist denn auch ein verlässliches Zeichen für den Reifegrad. Die Ananas enthält ein Eiweiss-zersetzendes Enzym, das die Verdauung fördert. Deshalb ist die Frucht ein beliebter Nachtisch, vor allem nach einem üppigen, eiweisslastigen Mahl.

Pineapple

The queen of tropical fruits with the Indian name was not just the favourite fruit of Louis XV. The English landed aristocracy was equally enchanted with the exotic fruit they called «pineapple» comparing its appearance to large pine cones. The fruit remained an expensive rarity for a long time. But even nowadays, in spite of its having become quite common-place, it has lost none of its exotic air. Fully ripened fruits, which are rarely found here as pineapples destined for export are harvested when green and never ripen completely, distinguish themselves through an intense odour and unique flavour. The enticing scent is at its strongest where the stalk joins onto the fruit and is a reliable indicator of the level of ripeness of the fruit. Pineapples contain an enzyme which breaks down protein and aids digestion. This explains the fruit's popularity as a dessert, especially following a generous, high-protein meal.

Ananas

Ce roi des fruits tropicaux doit son nom aux Indiens. Il était non seulement le fruit préféré de Louis XV, mais également très apprécié pour sa fraîcheur exotique par la noblesse campagnarde anglaise qui lui a, quant à elle, donné le nom de «pineapple» en raison de sa forme évoquant une grosse pomme de pin. Ce fruit est resté longtemps une friandise rare et coûteuse. Aujourd'hui encore, bien qu'il soit devenu très courant, il n'a rien perdu de son charme exotique. Lorsqu'il est vraiment mûr – ce qui est rare dans nos régions, puisque les fruits sont récoltés verts pour l'exportation et ne finissent pas vraiment bien de mûrir –, il se distingue par un parfum intense et une saveur unique. Ce parfum enivrant, que l'on perçoit le mieux près de la tige, est également un signe très fiable du degré de maturité du fruit. L'ananas contient une enzyme dégradatrice de protéine, qui favorise la digestion. C'est pourquoi ce fruit est un dessert particulièrement apprécié à la suite d'un repas copieux et riche en protéines.

L'ananas

Re dei frutti tropicali, l'ananas, dal nome indiano, era il frutto preferito di Luigi XV. Anche la nobiltà terriera inglese faceva pazzie pur di gustare la freschezza esotica del «pineapple», come fu da essi battezzato in base alla rassomiglianza a una grossa pigna. Per molto tempo l'ananas rimase una costosa rarità. A tutt'oggi questo frutto non ha perduto nulla del suo carattere esotico, nonostante sia ormai divenuto comune anche sulle nostre mense. Una volta raggiunta la piena maturazione – uno stato difficile da trovare alle nostre latitudini, dove i frutti in arrivo, raccolti ancora acerbi, riescono a maturare solo in parte – l'ananas si distingue per un profumo intenso e un sapore più unico che raro. L'inebriante profumo, che si percepisce al meglio all'attaccatura del gambo, è anche un indizio sicuro del grado di maturazione. L'ananas contiene un enzima proteolitico, ossia capace di scindere le proteine, che facilita la digestione. Tale frutto è perciò un apprezzato dessert, soprattutto dopo un pasto sostanzioso e molto proteico.

Ananasstrunk
Pineapple core
Le cœur d'ananas
Il torsolo dell'ananas

Wie die Vorschläge zeigen, ist sogar der harte Teil, der Strunk, verwertbar.

As these suggestions show, even the hard part in the centre, the core, can be used.

Comme le montrent les exemples, même la partie dure, le cœur, peut être utilisée.

Come dimostrano le nostre proposte, anche la parte più legnosa del frutto, il torsolo, può essere sfruttata per l'intaglio.

Das Gelingen von geschnitzten Blumen mit langen Blütenblättern hängt von der richtigen Schnittdicke ab: oben dünn und unten dicker, so biegen sich die Blätter von selbst nach aussen (Lehrbuch Wang Nr. 1, Seiten 123–124).

Carving flowers with long petals successfully depends on the correct thickness of the cut. It needs to be thin at the top and thicker towards the bottom to allow the petals to bend outwards of their own accord (Wang textbook number 1, pages 123–124).

La réalisation réussie de fleurs sculptées aux longs pétales dépend de la bonne épaisseur de coupe: fine en haut et plus épaisse en bas. Ainsi, les pétales se courbent d'eux-mêmes en périphérie (manuel Wang n° 1, pages 123 et 124).

La perfetta riuscita dell'intaglio di fiori dai petali allungati dipende dal corretto spessore del taglio. La punta del singolo petalo deve essere sottile, la base più spessa: i petali si incurveranno così da soli verso l'esterno (Manuale Wang no. 1, Pagine 123–124).

1

Werkzeug: grosses Küchenmesser, Spiraldreher
Blätterstiel und Boden der Ananas abschneiden. Eine grosse Frucht in der Mitte halbieren, kleine Früchte können ganz belassen werden.

Tools: large kitchen knife, curl cutter
Cut off the leafy stalk and the bottom of the pineapple. Cut large fruits in half; smaller fruits can be used whole.

Outils: grand couteau de cuisine, vide-ananas spiralé
Coupez la partie feuillue et le fond de l'ananas. Les petits fruits peuvent rester entiers, les plus grands doivent être coupés en deux.

Utensili: coltello da cucina grande, succhiello per spirali
Eliminare dal frutto base e gambo con le foglie. Dimezzare orizzontalmente l'ananas se è grosso, se invece è piccolo lasciarlo intero.

2

Genau in die Mitte der Frucht oder Fruchthälfte den Spiraldreher platzieren. Den «Schraubenflügel» an der Spirale anbringen.

Position the curl cutter exactly in the centre of the whole or half fruit. Fit the «wing screw» onto the shaft.

Placez le vide-ananas exactement au centre du fruit ou de la moitié de fruit. Disposez les «ailes tournantes» sur la spirale.

Posizionare il succhiello per spirali esattamente al centro del frutto (o della metà di frutto). Infilare nella punta la «vite ad anelli».

3

Mit dem «Schraubenflügel» die Spirale wie einen Bohrer ganz durch die Frucht drehen.

Use the «wing screw» to twist the shaft all the way through the fruit like a drill.

Vrillez le vide-ananas à travers tout le fruit à l'aide des «ailes tournantes».

Far penetrare il succhiello con la vite attraverso tutto il frutto mediante un movimento rotatorio, come se fosse un trapano.

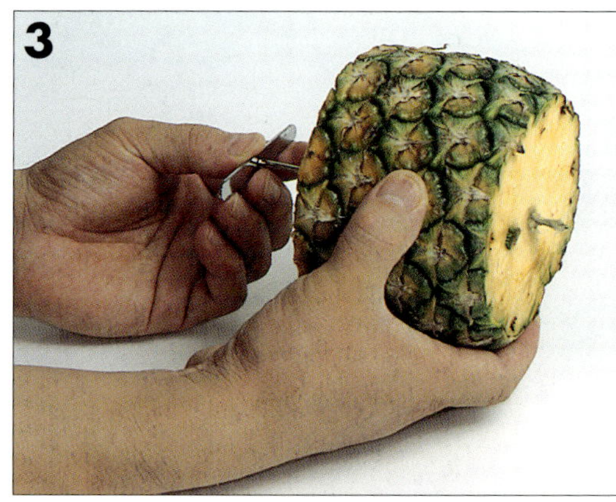

4

Das Werkzeug aus der Fruchtspirale entfernen.

Remove the tool from the fruit spiral.

Retirez l'outil de la spirale de fruit.

Separare la spirale di frutta ottenuta dall'utensile apposito.

Mr. Carving

Der Spiraldreher ist Bestandteil des blauen Werkzeug-Koffers. Er eignet sich nicht nur für Ananas, sondern auch für andere Früchte und Gemüse. So entstehen verschiedenfarbige Dekorationen für Gläser, Teller, Schüsseln und Platten, und die Frucht wird fast komplett verwertbar.
Der harte Strunk der Ananas ist zum Essen nicht geeignet. Er dient aber sehr gut als Geschmacksverstärker zum Beispiel in einer Bowle und sieht als Spirale lustig aus.

The curl cutter is included in the blue tool case. It can be used for other fruit and vegetables as well as pineapples. It enables you to create decorations for glasses, plates, bowls and trays in many colours and to use almost the whole fruit.
The hard core of pineapples is not recommended for consumption. It is however very useful as a flavour intensifier, for example in punches, and looks jolly cut into a curl shape.

Le vide-ananas fait partie de la mallette de décoration bleue. Il est non seulement approprié pour les ananas, mais également pour d'autres fruits et légumes. Ainsi, on peut créer des décorations de différentes couleurs pour les verres, les assiettes, les bols et les plats, et utiliser pratiquement la totalité du fruit.
Le cœur dur de l'ananas n'est pas bon à manger. Cependant, il peut très bien servir à relever la saveur – par exemple d'un punch –, et la spirale est une décoration amusante.

Il succhiello per spirali è contenuto nell'astuccio degli utensili blu ed è perfetto non solo per l'ananas, ma anche per molta altra frutta e verdura. Vi permette di creare colorate decorazioni per bicchieri, piatti, coppe e vassoi utilizzando quasi tutto il frutto.
Il torsolo duro dell'ananas è inadatto al consumo, ma serve egregiamente come esaltatore di sapore, per esempio in un bowle, o come simpatica decorazione.

Der harte Ananasstrunk als Fruchtspirale hat viele Vorteile: die Frucht lässt sich nun problemlos schneiden, die Spirale dient zur Dekoration.

Cutting the hard centre of pineapples into fruit curls has many advantages: the fruit can be cut easily and the curl serves as a pleasant decoration.

Réaliser une spirale fruitée avec le cœur dur de l'ananas a bien des avantages: le fruit devient facile à couper, tandis que la spirale sert de décoration.

Utilizzare il torsolo dell'ananas per creare una spirale presenta un doppio vantaggio: il frutto si taglia in seguito con maggiore facilità e la spirale ottenuta costituisce un'inconsueta decorazione.

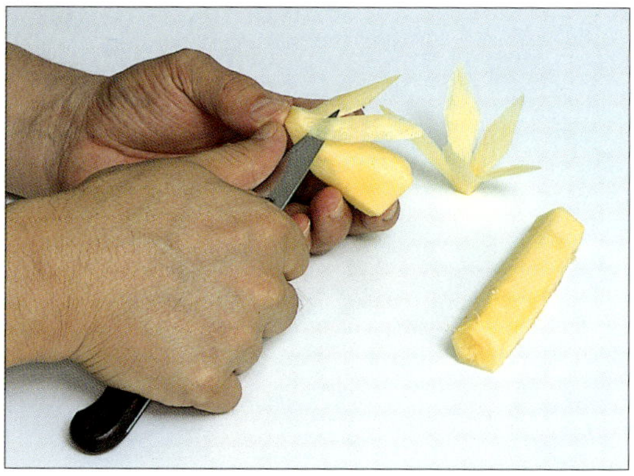

Aus dem vierkantig zugeschnittenen und pyramidenförmig zugespitzten Strunk werden die einzelnen Blütenblätter geschnitten. Dabei ist besonders auf die Messerspitze zu achten, damit bereits geschnitzte Blätter nicht abgetrennt werden (Lehrbuch Wang Nr. 1, Seite 43).

The individual petals are cut out from the core, which was previously cut into a shape with four sides and a pyramid type point. Take particular care not to cut off previously carved petals with the point of the knife (Wang textbook number 1, page 43).

On découpe les pétales à partir du cœur d'ananas taillé en pyramide. Il faut faire particulièrement attention à la pointe du couteau, pour ne pas couper les pétales déjà formés (manuel Wang n° 1, page 43).

Il torsolo dell'ananas può essere tagliato a forma quadrangolare e provvisto di una punta a piramide, dalla quale si ricavano i petali per un fiore di ananas. Occorre badare però all'uso della punta del coltello, per evitare che i petali già intagliati vengano per errore distaccati dal resto (Manuale Wang no. 1, pag. 43).

Der harte Mittelteil ergibt lustige Blumen mit verschiedenen Blütenblättern, schnell geschnitzt und sehr vielfältig.

The hard centre can be made into jolly flowers with different kinds of petals. They are carved quickly and are very varied.

Dans le cœur dur, on peut tailler rapidement une grande diversité de fleurs amusantes, avec toutes sortes de formes de pétales.

Con il torsolo è possibile creare simpatici fiori a più petali di veloce realizzazione che trovano numerose applicazioni.

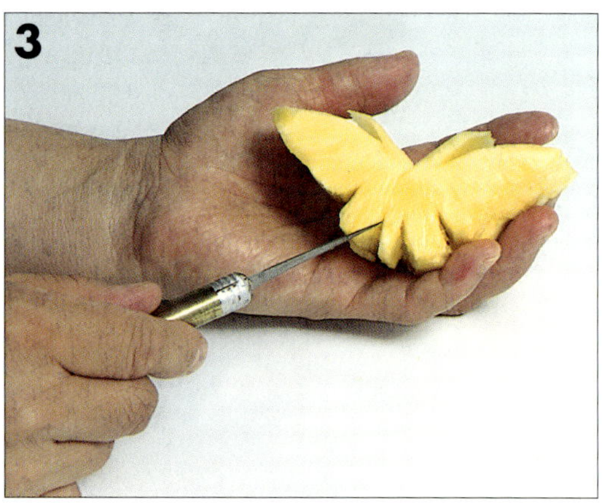

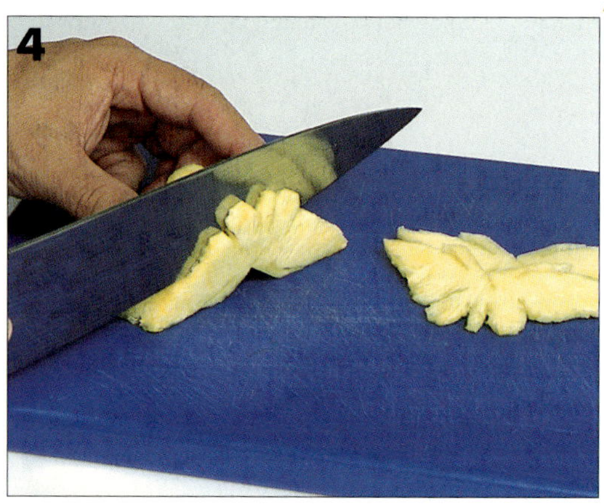

1

Werkzeug: grosses Messer, Thaimesser
Einen Boden und Deckel abschneiden. Die Frucht längs halbieren.

Tools: large knife, Thai knife
Cut off the top and the bottom of the fruit. Cut the fruit in half lengthways.

Outils: grand couteau, couteau thaï
Coupez un fond et un couvercle, puis séparez le fruit en deux moitiés dans le sens de la longueur.

Utensili: coltello grande, coltello thai
Recidere una base e un coperchio dal frutto e dimezzarlo per lungo.

2

Aus einer Ananashälfte den Strunk V-förmig herausschneiden. Die Schale mit dem grossen Messer in einem Schnitt von einer Seite zur anderen grosszügig abschälen. Es dürfen keine braunen Punkte mehr sichtbar sein.

Remove the core from one of the halves in a V-shape. Use the large knife to generously remove the skin in one single cut from one side to the other. There must not be any brown spots showing.

Découpez en forme de V le cœur d'une des moitiés d'ananas et pelez-la au grand couteau par gestes continus d'un côté à l'autre, en enlevant une épaisseur suffisante pour qu'il ne reste plus de points bruns.

Estrarre da una metà dell'ananas il torsolo incidendolo a forma di V. In un unico gesto, sbucciare generosamente questa metà da una parte all'altra, in modo da eliminare completamente tutti i puntini marroni.

3

Schneiden Sie von der Frucht ein Stück ab, in der Grösse je nach Anzahl der gewünschten Schmetterlinge. Mit dem Thaimesser die Schmetterlingsform zuschneiden.

Cut off a section of the fruit. The size of the section depends on the number of butterflies you require. Use the Thai knife to cut the butterfly shape.

Coupez un un morceau du fruit, en fonction du nombre de papillons que vous souhaitez obtenir. Découpez la forme d'un papillon à l'aide du couteau thaï.

A seconda del numero di farfalle che si desidera ottenere, togliere dal frutto un pezzo di polpa di dimensioni e spessore corrispondenti. Intagliare la farfalla nella polpa con il coltello thai.

4

Den geschnitzten Teil in dünne Scheiben schneiden. Jede Scheibe ergibt einen Schmetterling.

Cut the carved section into thin slices. Each slice is a butterfly.

Découpez le morceau ainsi sculpté en fines tranches: chaque tranche forme un papillon.

Tagliare a fettine fini il pezzo ottenuto. Ogni fetta darà una leggera farfalla.

Ananas
Pineapples
Ananas
L'ananas

Ananas sind das ganze Jahr über erhältlich. Je nach Schnitzart eignen sich eher grosse Früchte oder Baby-Ananas, auch der Reifegrad kann entsprechend dem Sujet gewählt werden.
Wenn längere Zeit mit Ananas gearbeitet wird, kann die Fruchtsäure die Haut angreifen. In diesem Fall schützen Fingerlinge aus dünnem Plastik. Das Fruchtfleisch nimmt von der Krone bis zum Stielansatz an Süsse zu. Deshalb Stücke, die zum Essen bestimmt sind, eher aus dem unteren Teil schnitzen.

Pineapples are available all year round. Depending on the design, large or baby fruits are more suitable. The degree of ripeness can also be selected depending on the subject.
When working with pineapples over a longer period of time, the fruit acid can cause skin irritation. If this is the case, wear thin plastic gloves. The flesh becomes progressively sweeter from the crown downwards. For this reason it is advisable to use pieces from the bottom half for eating.

Les ananas sont disponibles tout au long de l'année. Suivant la sculpture prévue, on choisira de préférence de grands fruits ou de petits ananas, d'un degré de maturité approprié pour le sujet prévu.
Lorsqu'on travaille un certain temps sur un ananas, l'acide du fruit peut attaquer la peau. Dans ce cas, on peut protéger ses doigts avec des doigtiers en plastique fin.
La pulpe devient plus sucrée vers la tige – il est donc recommandé de prélever dans la partie inférieure les morceaux à sculpter destinés à être mangés.

L'ananas si trova sul mercato tutto l'anno. A seconda del tipo di intaglio che si desidera realizzare occorre scegliere tra frutti grossi o baby-ananas, nonché il grado di maturazione più adatto al soggetto in questione.
Se si lavora a lungo su un ananas, la sua acidità può risultare aggressiva per la pelle. In questo caso è utile indossare dei guanti o delle protezioni per le dita di plastica sottile. La polpa dell'ananas è più dolce nella parte inferiore del frutto che in quella accanto alle foglie. È quindi meglio intagliare le parti destinate al consumo nella metà inferiore dell'ananas.

Mr. Carving

Diese Arbeitsweise ist sehr effizient, da die Schnitzerei nur einmal gemacht werden muss. Je nach Verwendungszweck können die Schmetterlinge dicker oder dünner geschnitten werden.

This method of working is particularly efficient, as carving has to be done only once. Depending on what the butterflies are going to be used for, they can be cut thicker or thinner.

Cette façon de procéder est très efficace, parce que le travail de sculpture ne doit être fait qu'une fois. Suivant l'utilisation prévue, on peut couper les papillons plus ou moins fins.

Il modo di procedere presentato costituisce un risparmio di tempo poiché l'intaglio viene compiuto un'unica volta e le fettine di farfalla possono essere tagliate dello spessore voluto.

1

Werkzeug: Küchenmesser, Thaimesser, grosses Küchenmesser
Den Blätterstrunk der Ananas abtrennen. Er dient als Vogelschwanz.

Tools: kitchen knife, Thai knife, large kitchen knife
Remove the leafy stalk of the pineapple. It will be used as the bird's tail.

Outils: couteau de cuisine, couteau thaï, grand couteau de cuisine
Coupez la partie feuillue de l'ananas – elle servira de queue d'oiseau.

Utensili: coltello da cucina, coltello thai, coltello da cucina grosso
Separare dall'ananas la parte provvista di foglie. Diventerà la coda del cigno.

2

Einen Boden abschneiden. Mit dem grossen Küchenmesser die Frucht von oben nach unten ganz dünn schälen, sodass die braunen Punkte sichtbar sind.

Cut off the bottom. Use the large kitchen knife to cut off a thin layer of the skin to reveal the brown spots. Peel from the top towards the bottom.

Coupez un fond, puis pelez finement le fruit de haut en bas au grand couteau de cuisine, de façon à ce que les points bruns restent visibles.

Togliere la base del frutto e sbucciarlo sottilmente con il coltello da cucina grosso procedendo verso il basso e lasciando che i punti marroni restino visibili.

3

Mit dem Küchenmesser links und rechts einen Teil der Länge nach wegschneiden. Diese Seiten ergeben die Flügel.

Use the kitchen knife to cut off a section lengthways on the left and right sides. These sides will be used for the wings.

Coupez au couteau de cuisine, dans le sens de la longueur, une pièce à droite et une à gauche. Cela donnera les ailes.

Con il coltello da cucina tagliare per il lungo una parte di polpa a destra e a sinistra del centro. Queste due parti saranno le ali del cigno.

4

Aus dem Mittelteil wird der Körper mit Kopf und Schnabel geschnitzt. Die Form bestimmen und mit dem Thaimesser zuerst den hinteren Teil zuschneiden. Diese Körperform aus dem geraden Stück zu schnitzen braucht einiges an Vorstellungsvermögen. Weniger Begabte nehmen eine Vorlage zu Hilfe.

The part in the middle is to be carved into a body with a head and beak. Decide on the shape and then use the Thai knife to start carving the back end into shape. Carving the shape of the body from this straight piece requires quite a degree of imagination. Less gifted people are advised to use a model.

Dans la partie du milieu, vous sculpterez le corps avec la tête et le bec. Esquissez la forme et taillez d'abord au couteau thaï la partie postérieure. Il faut beaucoup d'imagination pratique pour tailler une forme de corps dans un morceau droit. Les moins doués s'inspireront d'un modèle.

Intagliare nella parte centrale il corpo del cigno, la testa e il becco. Stabilire la forma voluta e intagliare dapprima sul retro con il coltello thai. Scolpire un cigno da un pezzo di polpa informe è un'operazione che necessita una buona capacità d'immaginazione. Se questa non fosse il vostro forte, servitevi di un modello.

5

Nun den vorderen Teil mit Kopf und Schnabel ausschneiden.

Now cut out the front end with the head and beak.

A présent, découpez la partie antérieure avec la tête et le bec.

Intagliare ora nella parte anteriore la testa e il becco dell'animale.

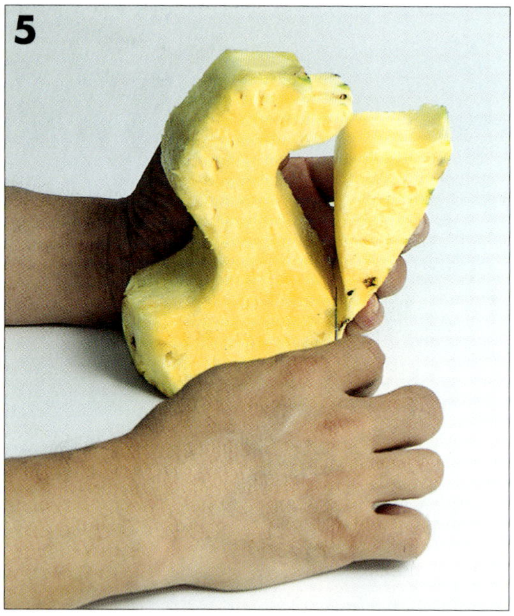

7

Die endgültige Körperform mit Kopf und Schnabel kontrollieren und mit dem Thaimesser verfeinern. An der ganzen Körperform dürfen keine braunen Punkte sichtbar sein.

Examine the final shape of the body with the head and beak and improve using the Thai knife. There must be no brown spots on the entire body.

Contrôlez la forme définitive du corps avec la tête et le bec, puis affinez votre ouvrage à l'aide du couteau thaï. Il ne doit plus y avoir de points bruns sur la surface du corps.

Controllare l'aspetto definitivo del cigno ottenuto (corpo, testa e becco) e rifinirlo con il coltello thai. Sul corpo del cigno non devono essere visibili punti marroni.

6

Sorgfältig den Schnabel schnitzen.

Carve the beak carefully.

Sculptez soigneusement le bec.

Scolpire il becco con molta attenzione.

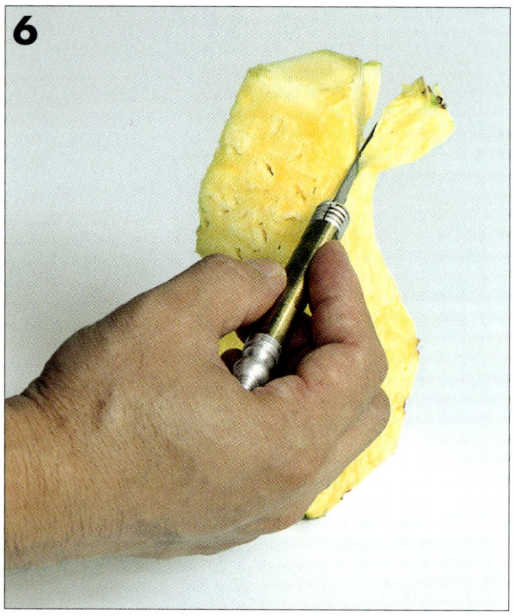

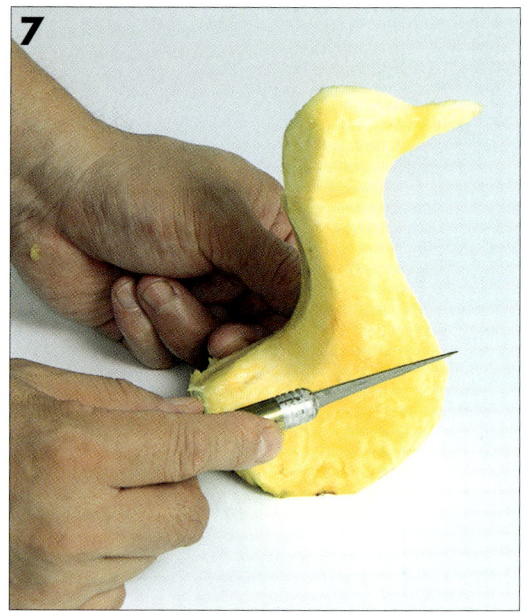

8

Aus dem gepunkteten Teil die Flügelform suchen und zuschneiden. Als Flügelfedern dem oberen Rand entlang tiefe Zacken einschneiden. Die Teile etwas aushöhlen. Den zweiten Flügel genau gleich wie den ersten schnitzen.

Seek for a wing shape in the spotted section and cut into shape. For wing feathers cut a deep zigzag pattern along the top edge. Hollow the sections out a little. Carve the second wing to match the first one exactly.

Définissez dans les parties mouchetées la forme des ailes, puis découpez-les. Faites des entailles profondes le long du bord supérieur pour marquer les plumes des ailes. Creusez un peu les morceaux. Les deux ailes sont faites exactement de la même façon.

Stabilire dove intagliare le ali nella polpa a puntini e procedere. Lungo il bordo superiore delle ali praticare una profonda dentellatura, che rappresenterà le piume. Svuotare leggermente le parti ottenute. Intagliare allo stesso modo la seconda ala.

9

Aus dem Blätterstamm die untersten Blätter abzupfen und das Strunkende gerade schneiden.

Pluck the lowest leaves out of the leafy stalk and cut off the end of the stalk in a straight line.

Sur la partie feuillue, arrachez les feuilles du bas et coupez droit le tronçon qui dépasse.

Staccare dal tronchetto le foglie inferiori e tagliare la base in modo che sia dritta.

10

Aus dem harten Strunk den Kamm und in Kombination mit etwas grüner Schale (Gurke, Avocado usw.) die Augen (Lehrbuch Wang Nr. 1, Lektion 14), auf Wunsch auch Füsse aus roter Schale (Pflaumen, Äpfel) schnitzen.

Carve the comb out of the hard core and combine with a little green peel (cucumber, Avocado, etc.) for the eyes (Wang textbook number 1, lesson 14).
If you like you can carve feet out of red peel (plums, apples).

Taillez à partir du tronçon dur l'aigrette et les yeux, que vous agrémenterez d'une touche de peau verte (concombre, avocat, etc.) (manuel Wang n° 1, leçon 14). Vous pouvez également ajouter des pattes en peau rouge (prunes, pommes).

Intagliare nel torsolo dell'ananas una cresta e gli occhi (Manuale Wang no. 1, Lezione 14), combinandoli con il verde ricavato da una buccia (cetriolo, avocado, ecc.) e, se desiderato, intagliare le zampe in una buccia rossa (prugne, mele, ecc.).

11

Den Vogel zusammensetzen. Den Kamm und die Augen mit Klebstoff befestigen. Die beiden Flügel mit Zahnstochern fixieren.

Assemble the bird. Use glue to attach the comb and eyes. The wings can be fixed in place with toothpicks.

Assemblez les éléments de l'oiseau. Fixez l'aigrette et les yeux à la colle, et les deux ailes avec des cure-dents.

Comporre ora il cigno. Fissare la cresta e gli occhi con la colla. Sistemare le ali mediante stecchini.

Mr. Carving

Dieses Schnitzobjekt dient als gute Übung für das geistige Auge, ist doch einige Vorstellungskraft gefragt.
Die braunen Punkte der Ananas ergeben natürliche Effekte, die ein Schnitzkünstler zu nutzen weiss.

This carved object is good exercise for the spiritual eye as a great deal of imagination is required. The brown spots on the pineapple create natural effects and experienced carving masters know how to use them to their advantage.

La sculpture de cet ouvrage est un bon exercice pour l'œil et la créativité, parce qu'elle demande une certaine imagination pratique.
Les points bruns de l'ananas réalisent des effets naturels dont l'artiste sculpteur saura faire bon usage.

Questa scultura di ananas costituisce un ottimo esercizio per allenare l'occhio interiore, ma necessita di capacità di immaginazione.
I punti marroni consentono effetti naturali che un vero artista dell'intaglio sa sfruttare al meglio.

1

Werkzeug: Thaimesser, Küchenmesser
Die untersten Blätter auszupfen, bis links und rechts des Strunks gerade nach unten geschnitten werden kann.

Tools: Thai knife, kitchen knife
Pluck out the lowest leaves on the stalk so that you can cut downwards in a straight line on the right and the left sides of the stalk.

Outils: couteau thaï, couteau de cuisine
Arrachez les feuilles du bas, jusqu'à pouvoir couper droit vers le bas à gauche et à droite du cœur.

Utensili: coltello thai, coltello da cucina
Staccare dal tronchetto le foglie inferiori: ciò permetterà di praticare agevolmente, a sinistra e a destra, un taglio verticale lungo il torsolo.

2

Mit dem Küchenmesser links und rechts des Strunks zwei Schnitze herausschneiden: zuerst gerade von oben bis zur Fruchtmitte schneiden, dann von schräg aussen, im 45°-Winkel, einen Schnitz auslösen.

Use the kitchen knife to cut out two segments on the left and right side of the stalk. First cut straight down from the top to the middle of the fruit and then detach the segment by cutting diagonally from the outside inwards at a 45° angle.

Découpez deux quartiers – un à gauche et un à droite du cœur – en coupant d'abord droit vers le bas jusqu'à la moitié du fruit, puis encore une fois en choisissant le point de départ de façon à rejoindre le point le plus bas de la première entaille à 45°. Retirez le quartier ainsi obtenu.

Con il coltello da cucina tagliare due spicchi ai lati del torsolo procedendo come segue: tagliare dapprima in verticale, dalla cima alla metà del frutto e poi di sbieco, dall'esterno verso l'interno, con un'inclinazione di 45°. Staccare lo spicchio ottenuto. Ripetere dall'altro lato.

3

Auf der halben Höhe der Frucht auf beiden Seiten eine Kerbe, etwa 2 cm dick, in der gleichen Tiefe wie die Schnitze herausschneiden.

Cut out a groove of about 2 cm width on both sides halfway down the fruit. The depth of the grooves should equal the depth of the removed segments.

A mi-hauteur du fruit, faites une entaille large de 2 cm sur chacun des deux côtés, assez profonde pour atteindre la prolongation de l'entaille verticale.

A metà altezza del frutto, incidere da entrambi i lati un solco spesso 2 cm e profondo quanto i due spicchi preparati in precedenza.

Präsentiert gut und gelingt auch Anfängern leicht: Ananaskorb (Bild links).

Looks good and even beginners can complete it easily: the pineapple basket (picture left).

Facile à réaliser même pour les débutants, le panier taillé dans un ananas ne manquera pas son effet (illustration à gauche).

Il cestello di ananas: si presenta bene e riesce anche ai principianti (foto a sinistra).

4

Mit dem Thaimesser in den Schnitztaschen links und rechts des Strunks im 90°-Winkel das Fruchtfleisch durchgehend auslösen.

Use the Thai knife to remove the flesh all the way through from the carved pockets on the right and left of the core at a 90° angle.

Dans la partie supérieure du fruit, videz à l'aide du couteau thaï la pulpe autour du cœur dans un angle de 90°, accédant par les ouvertures taillées au début.

Eliminare completamente la polpa a sinistra e a destra del torsolo con il coltello thai, incidendo a 90°, per creare il manico del cestello.

5

Die äusseren Kanten des Korbgriffes mit dem Thaimesser versäubern. Auf beiden Seiten am Ansatz übereinander 2 Rhomben ausschneiden. Den Strunk und die Ränder der Schnitztaschen wellenförmig verzieren.

Use the Thai knife to tidy the outer edges of the basket handle. Cut out 2 rhombic shapes one above the other at the base on both sides. Decorate the core and the edges of the carved pockets with a wave pattern.

Réalisez la finition des bords extérieurs de l'anse du panier au couteau thaï. Des deux côtés, à la base de l'anse, découpez 2 losanges. Décorez d'ondulations le cœur et les bords des entailles latérales.

Rifinire i bordi esterni del manico del cestello usando il coltello thai. Su entrambi i lati, incidere all'attaccatura 2 rombi, uno sopra all'altro ed eliminare la polpa all'interno. Decorare il torsolo e i bordi delle tasche laterali con incisioni ondulate.

6

Die äusseren Ränder der herausgelösten Schnitze ebenfalls wellenförmig verschönern. Die untere Linie gerade schneiden.

Decorate the segments removed earlier by cutting a wave pattern on their outer edges as well. Cut the lower edge in a straight line.

Embellissez de la même façon le bord extérieur des quartiers, et coupez droit la ligne inférieure.

Rifinire anche i bordi esterni degli spicchi staccati dal frutto con un intaglio ondulato a mezzelune consecutive. La linea inferiore va invece mantenuta orizzontale (dritta).

7

Die Schnitze mit dem Wellenrand nach oben in die Kerben schieben. Form kontrollieren und allenfalls korrigieren.

Slot the segments with the wavy edge facing upward into the grooves. Check the shape and correct if necessary.

Insérez les quartiers dans les ouvertures, avec le rebord ondulé vers le haut. Contrôlez la forme et corrigez s'il y a lieu.

Inserire nei due solchi laterali gli spicchi decorati, con l'ondulazione rivolta verso l'alto. Controllare l'aspetto generale e, se necessario, rettificarlo.

8

Die Schnitze mit Zahnstochern in den Kerben befestigen.

Use toothpicks to fix the segments in place in the grooves.

Fixez les quartiers dans les ouvertures à l'aide de cure-dents.

Fissare gli spicchi inserendo stecchini nei solchi praticati.

Der Ananaskorb
The pineapple basket
Le panier fait d'un ananas
Il cestello di ananas

Der Ananaskorb hält sich, bei einer nicht zu reifen Frucht, 7 bis 10 Tage.

If the pineapple used is not too ripe the basket will keep for 7 to 10 days.

Le panier en ananas se garde 7 à 10 jours si le fruit n'était pas trop mûr.

Con un frutto non troppo maturo, il cestello di ananas si conserva dai 7 ai 10 giorni.

Mango, der «Pfirsich der Tropen»

Für viele gilt die Mango als die exotische Frucht schlechthin. Mit ihrer Weichheit und ihrem intensiven Aroma steht sie für Sonne, türkisblaues Meer, Sandstrand und Hängematte. Süss, mit leichter Fruchtsäure im Abgang, in zahllosen verschiedenen Formen und Farben hat sie, obwohl im Geschmack und im Duft viel intensiver, doch einiges mit einem Pfirsich gemeinsam: Der Stein ist fest mit dem Fruchtfleisch verwachsen, es braucht einige Geduld, ihn behutsam auszulösen. Und nur wirklich reife Früchte eignen sich zum Geniessen. Dafür lassen sich aus noch festen Früchten auch mit wenig Aufwand wunderbare Kunstwerke schnitzen.

Mango, the «peach of the Tropics»

For many the mango is the quintessential exotic fruit. Its softness and intense odour stand for sun, turquoise blue sea, sandy beaches and hammocks. The sweet flavour with a slightly sharp aftertaste and the countless different shapes and colours are indeed reminiscent of a peach. The flavour and scent of the mango are however much more intense. The stone is firmly grown into the flesh and removing it carefully requires a fair amount of patience. This fruit is only a delicacy when completely ripe. But fruits which are still completely firm can be turned into wonderful works of art without too much effort.

La mangue, «pêche des Tropiques»

Pour bien des gens, la mangue représente le fruit exotique par excellence. Tendre et très parfumée, elle évoque des journées ensoleillées, avec une mer d'azur, une plage de sable et un hamac. D'un goût suave, laissant dans la bouche une légère pointe d'acidité, elle se présente dans les formes et couleurs les plus diverses. Bien que son goût et son parfum soient beaucoup plus intenses que ceux de la pêche, les deux fruits ont pourtant des points communs: le noyau est solidement ancré dans la chair et il faut une certaine patience pour le détacher en douceur. Seuls les fruits vraiment bien mûrs sont bons à manger. Par contre, les fruits bien fermes se prêtent sans problème à la réalisation de merveilleuses sculptures.

Il mango, «pesca dei Tropici»

Per molte persone mango è sinonimo di frutta esotica. La morbidezza e il profumo della sua polpa richiamano alla mente sole, mari turchesi, distese sterminate di sabbia e un'amaca tra due palme. Dolce, con un leggero retrogusto acido, dalle forme e colori variati, il mango ha qualche tratto in comune con la pesca, sebbene il suo profumo e il suo sapore siano molto più decisi: la polpa e il nocciolo sono inseriti strettamente uno nell'altra e ci vuole un po' di pazienza per separarli. Solo i frutti completamente maturi sono adatti al consumo. In compenso però quelli ancora piuttosto duri costituiscono un supporto ideale per realizzare con poca fatica capolavori davvero speciali.

1

Werkzeug: Küchenmesser, Thaimesser, Schnitzmeissel mittlerer Grösse. Von oben nach unten über die ganze Länge der Frucht eine Rille schneiden. Dasselbe auf der gegenüberliegenden Seite, sodass die Frucht optisch halbiert wird. Wir bearbeiten hier nur die eine Hälfte der Frucht.

Tools: kitchen knife, Thai knife, medium size carving chisel. Cut a groove lengthways down the fruit all the way from the top to the bottom. Do the same on the opposite side to optically halve the fruit. We will only be working on one half of the fruit.

Outils: couteau de cuisine, couteau thaï, burin de taille moyenne
Taillez un sillon de haut en bas, sur toute la longueur du fruit, et faites de même de l'autre côté – de façon à ce que le fruit ait l'air d'avoir été coupé en deux.
Nous ne travaillerons que l'une des moitiés.

Utensili: coltello da cucina, coltello thai, scalpello di media dimensione. Praticare su tutta la lunghezza del frutto un'incisione e ripetere l'operazione sul lato opposto, in modo da dividere il frutto solo a livello visivo. In questo caso lavoreremo solo una delle due metà del frutto.

1

2

Der «Tannzapfen» aus Mango kann mit geschnitzten grünen Blättern ergänzt werden.

Carved green leaves can be added to the «pine cone» made out of mango.

La «pomme de pin» taillée dans une mangue peut être complétée par des feuilles vertes sculptées.

Per completare la pigna di mango vi si possono accostare foglie verdi intagliate.

2

Am dicken oberen Ende um den Stielansatz zur Hälfte zickzack schneiden. Die Schicht darunter mit dem Küchenmesser wegschälen.

Cut a zigzag pattern half way round the stalk joint at the broader top end of the fruit. Use the kitchen knife to peel off the layer below.

Incisez en zigzag la partie épaisse supérieure, côté tige. Pelez au couteau de cuisine le reste inférieur du fruit à partir de cette incision.

All'estremità più grossa del frutto intagliare una dentellatura tutto attorno al picciolo. Sbucciare la parte subito sotto con un coltello da cucina.

3

Die untere, ungeschälte Hälfte der Frucht in der einen Hand halten und mit der anderen die obere Hälfte mit dem Thaimesser über die ganze Länge dünn schälen. Es soll eine gleichmässige Oberfläche entstehen. Dies geschieht am besten, indem man von einer Seite zur anderen schält.

Hold the bottom, unpeeled half in one hand while using the other hand to peel the whole length of the top half thinly with the Thai knife. The aim is to create an even surface. It is easiest to achieve this by peeling from side to side.

Tenez la moitié non pelée dans le creux d'une main et égalisez en pelant finement l'autre moitié au couteau thaï sur toute la longueur. Vous devez obtenir une surface régulière, ce qui est le plus facile à réaliser en pelant d'un côté à l'autre.

Tenere il frutto poggiando sulla mano la parte non sbucciata e lavorare la metà superiore con il coltello thai, eliminando la buccia in strato sottilissimo. Ne deve risultare una superficie uniforme. Ciò si ottiene al meglio sbucciando il frutto da un lato all'altro.

4

Mit dem V-Meissel in diese Form Rillen schneiden, auf den Seiten etwas dünnere als in der Mitte.

Use the V-shaped chisel to cut grooves inside this shape. These grooves should be slightly thinner at the sides than in the middle.

A l'aide du burin V, creusez des sillons – un peu moins profonds sur les côtés qu'au milieu – dans les formes d'écailles.

Con lo scalpello a V intagliare nelle scaglie dei solchi leggermente più sottili ai lati che al centro.

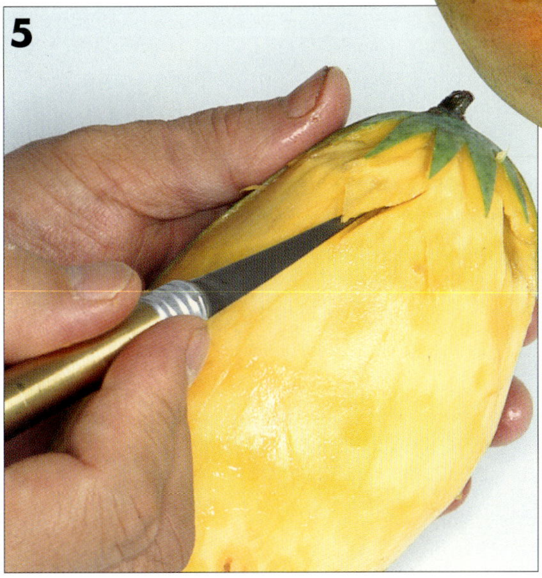

5

Mit dem Thaimesser unter dem gezackten Rand sich zuspitzende Blattformen suchen und herausschneiden.

Use the Thai knife to define pointed leaf shapes below the zigzag edge and cut them out.

Au couteau thaï, définissez et taillez sous le bord en zigzag des formes d'écailles pointues.

Al disotto dell'orlo superiore dentellato in precedenza, incidere con il coltello thai le scaglie della pigna, sotto forma di foglie a punta. E' consigliabile dapprima delinearle e poi inciderle.

6

Diese Schritte wiederholen und immer versetzt neue Blattspitzen schnitzen. Von oben nach unten grössere Meissel benutzen, damit auch die Blätter grösser werden. Gegen unten werden sie wieder etwas kleiner. Die Zapfengrösse der natürlichen Form der Frucht anpassen.

Repeat these steps and continue to carve staggered leaf points. As you work your way downward change to bigger chisels to create larger leaf shapes. As you approach the very bottom, the size slightly decreases again. Adjust the leaf size to the natural shape of the fruit.

Répétez ces gestes, sculptant une rangée d'écailles après l'autre, chacune décalée par rapport à la précédente. Utilisez des burins de plus en plus grands de haut en bas pour obtenir des écailles de taille croissante, puis de nouveau des plus petits vers la fin. La taille des écailles doit être adaptée à celle du fruit.

Ripetere queste operazioni incidendo file di scaglie alterne rispetto a quelle intagliate precedentemente. Utilizzare inizialmente lo scalpello più piccolo per poi aumentare la misura parallelamente all'ampiezza del frutto: le scaglie diventeranno man mano più grandi. Verso la fine saranno nuovamente di dimensioni minori. Adeguare la loro grandezza alla dimensione del frutto.

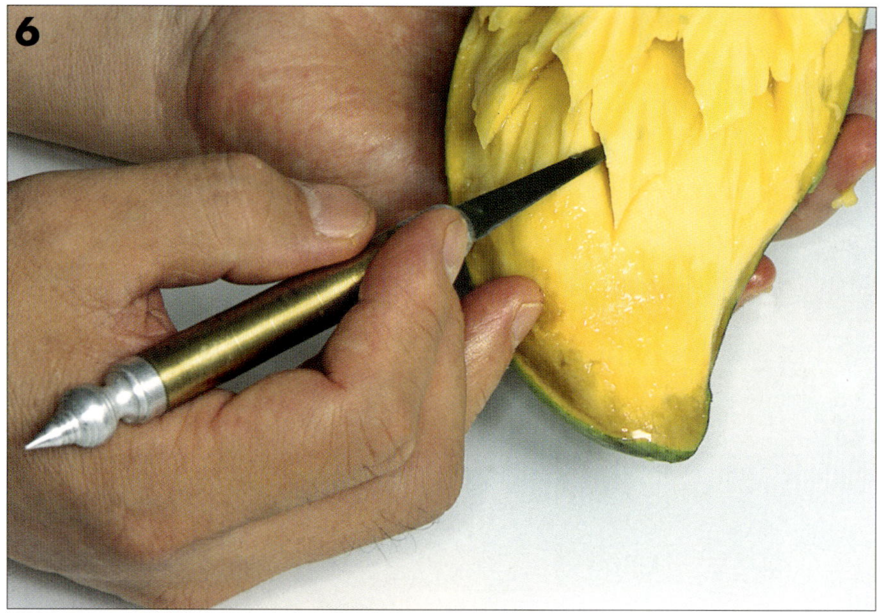

6

7

7

Die Zapfenreihen links und rechts der Rille entlang etwas freistellen und eine gerade Kante auf beiden Seiten schneiden.

Expose the rows of the cone on the right and left sides along the groove and cut a straight edge on either side.

Détachez un peu les rangées d'écailles qui se trouvent à côté de l'entaille séparant les moitiés et coupez un bord droit des deux côtés.

Scavare parzialmente attorno alle scaglie che si trovano sui bordi del solco verticale per metterle maggiormente in rilievo. Incidere uno spigolo ben dritto da ambo i lati.

Mr. Carving

Zum Schnitzen unbedingt eine harte Frucht aussuchen, Mangos reifen sehr schnell nach! Die Mango verhält sich zum Schnitzen ähnlich wie Steinobst (siehe Seite 106). Dort finden Sie weitere Ideen.

Be sure to choose a hard fruit for carving. Mangoes ripen very quickly! The mango reacts similarly to stone-fruit when being carved (see page 106). You will find additional ideas there.

Il est important que vous choisissiez un fruit dur pour la sculpture: les mangues accomplissent très rapidement leur maturation! La mangue se sculpte un peu comme les pêches ou les prunes (voir page 106: vous y trouverez des idées supplémentaires).

Il mango destinato all'intaglio deve assolutamente essere piuttosto duro, poiché questo frutto è di rapida maturazione anche una volta raccolto. Il mango si comporta come la frutta con nocciolo (vedi pagina 106). Per ulteriori idee, consultate queste pagine.

Mango
Mango
La mangue
Il mango

Die Mango ist eine äusserst schöne, attraktive Frucht, die aber ihren Preis hat. Sie ist praktisch das ganze Jahr über erhältlich.

The mango is an extremely beautiful and attractive fruit. It can, however, be expensive. It is available practically all year round.

La mangue est un fruit très attrayant et d'une grande beauté, mais elle a son prix. Elle est disponible pratiquement toute l'année.

Il mango è un frutto estremamente bello e attraente che però ha un suo prezzo. E' comunque reperibile sul mercato tutto l'anno.

1

Werkzeug: Küchenmesser, Thaimesser, Meissel Nr. 1
Der Länge nach links und rechts der Frucht eine Rille ziehen.

Tools: kitchen knife, Thai knife, chisel number 1.
Draw a groove lengthways down the right and left sides of the fruit.

Outils: couteau de cuisine, couteau thaï, burin n° 1
Coupez une rainure tout le long à gauche et à droite du fruit.

Utensili: coltello da cucina, coltello thai, scalpello no. 1
Praticare un solco sulla lunghezza del frutto, da ambo i lati.

2

Die obere Hälfte der Frucht schälen. Es soll eine saubere Oberfläche entstehen.

Peel the top half of the fruit. The aim is to create a clean surface.

Pelez la moitié supérieure du fruit, de façon à obtenir une surface bien nette.

Sbucciare la metà superiore del frutto per ottenere una superficie liscia uniforme.

1

2

3

Die Maiskolben-Form suchen und einritzen. Die Form des Kolbens auf beiden Seiten deutlich freistellen.

Define and carve the corn-cob shape. Clearly expose the cob shape on both sides.

Définissez et incisez une forme d'épi de maïs, et faites une découpe prononcée des deux côtés pour que l'épi se détache bien.

Delineare sul frutto la forma di pannocchia di mais e inciderla, mettendola bene in rilievo su entrambi i lati (ciò si ottiene incidendo la polpa più in profondità ed eliminandola).

3

4

Den Kolbenkörper in eine schöne, ovale Form bringen und sauber freistellen, indem eine tiefe Kerbe rundum weggeschnitten wird. Die Kanten runden. Eine weiche Form des Körpers ist wichtig.

Create a beautiful, oval cob shape and expose it cleanly by carving out a deep groove all the way round. Round off the edges. It is important that the outline of the body is soft.

Donnez une belle forme ovale à votre épi de maïs et détachez-le bien du fond en découpant une entaille profonde tout autour. Arrondissez les angles – il est important que la forme de l'épi soit harmonieuse.

Dare alla pannocchia una bella forma ovale eliminando nettamente la polpa eccedente ai lati e tagliando via con generosità i bordi. Arrotondare poi gli spigoli ottenuti perché la forma della pannocchia sia più naturale possibile.

5

Auf beiden Seiten mit dem Küchenmesser je 3 Blätter schnitzen. Die Blätter müssen schön freistehen, wie der Körper. Allenfalls noch mehr Fruchtfleisch auslösen.

Use the kitchen knife to carve 3 leaves on both sides. The leaves must be exposed as clearly as the body. Remove more flesh if necessary.

Sculptez 3 feuilles de chaque côté à l'aide du couteau de cuisine. Les feuilles doivent bien se détacher du fond, comme l'épi lui-même. Enlevez davantage de pulpe s'il le faut.

Intagliare delle foglie su entrambi i lati del frutto con il coltello da cucina. Anch'esse devono essere ben in rilievo, come la pannocchia. Se necessario scavare ed eliminare ulteriormente la polpa.

6

Mit dem V-Meissel die Blattrippen einzacken, einige Millimeter vom äusseren Blattrand weg gegen innen schnitzen.

Use the V-shaped chisel to zigzag the leaf ribs. Start carving a few millimetres from the leaf's outer edge towards the inside.

Marquez les nervures au burin en forme de V, commençant quelques millimètres à l'intérieur du bord de la feuille et progressant vers le centre.

Incidere le nervature delle foglie con lo scalpello a V, partendo dal bordo esterno (non direttamente sullo spigolo ma a qualche mm verso l'interno) e procedendo verso l'interno.

7

In den Fruchtkörper mit dem Thaimesser Querrillen schneiden. Dann auch der Länge nach Kerben schnitzen. Bei den Längskerben darauf achten, dass das Fruchtfleisch zwischen den Kerben sauber entfernt wird.

Use the Thai knife to carve grooves across the body of the fruit. Then carve grooves lengthways as well. When carving the grooves lengthways, be sure to remove the flesh between the grooves cleanly.

D'abord transversalement, puis longitudinalement, coupez au couteau thaï des entailles parallèles dans la surface de l'épi. Veillez à bien enlever la pulpe entre les rangées lorsque vous faites les entailles longitudinales.

Nella polpa del frutto intagliare solchi verticali e poi orizzontali con il coltello thai. Tagliando i solchi verticali badare che la polpa tra i granelli di mais sia eliminata completamente.

8

Die entstandenen Quadrate mit dem Thaimesser zu runden Maiskörnern schnitzen. Das abgeschnittene Fruchtfleisch sorgfältig und sauber auslösen.

Use the Thai knife to shape the carved squares into rounded grains of maize. Remove the flesh which has been cut off carefully and cleanly.

Arrondissez chaque grain de maïs au couteau thaï, en enlevant soigneusement et proprement la pulpe découpée.

Arrotondare con il coltello thai i quadratini ottenuti dando loro la forma di grani di mais. Eliminare completamente tutta la polpa eccedente.

Die Blätter des Kolbens sollten auf beiden Seiten möglichst gleichmässig geformt sein.

The leaves of the corn-cob should be shaped as similarly as possible on both sides.

Les feuilles de part et d'autre de l'épi doivent être formées de façon aussi régulière que possible.

Le foglie che incorniciano la pannocchia devono essere più uniformi possibili da ambo i lati.

Mango
Mango
La mangue
Il mango

Das Fruchtfleisch der Mango wird nicht braun, aber der Schalenrand. Deshalb unbedingt die Frucht während der Schnitzarbeit regelmässig mit F-keep-fresh einsprayen!

While the flesh of mangoes does not turn brown, the edge of the skin does. This is why it is important to spray the fruit with F-keep-fresh regularly during carving!

La pulpe de mangue garde sa couleur fraîche, mais les bords découpés de la peau brunissent. Il faudra donc traiter régulièrement le fruit au F-keep-fresh pendant le travail de sculpture!

La polpa del mango non annerisce, l'orlo della buccia invece sì. Aspergere quindi assolutamente e regolarmente il frutto con lo spray F-keep-fresh durante il lavoro di intaglio!

Von Pampelmusen, Limonen und Pomeranzen

Orangen, Grapefruits, Mandarinen, Zitronen – in ihren Heimatländern schützen sie die Einwohner vor zu viel Hitze im Blut und weniger Sonnenverwöhnten dienen sie als geschätzte Vitaminquellen. Ursprünglich aus Fernost stammend, werden die Zitrusfrüchte heute rund um den Erdball kultiviert und gelten als bedeutender Wirtschaftsfaktor im Obstbau. Für den Frischverzehr werden die Früchte schonend von Hand geerntet, ist doch eine intakte Schale ein wichtiges Qualitätsmerkmal. Ein Grossteil der Ernte wird zu Saft gepresst, und die betörend duftenden Blüten des Orangenbaumes ergeben ein wunderbares Würzmittel und wohlschmeckenden Tee.

Of grapefruits, limes and oranges

Oranges, grapefruits, tangerines, lemons – in their homelands they keep the blood of the inhabitants cool and for people less spoiled by the sun they are a valued source of vitamins. Originally they came from the Far East but nowadays citrus fruits are cultivated all around the world and are regarded as an important economic factor in fruit growing. Fruits which are to be eaten fresh are picked carefully by hand as an undamaged skin is an important indicator of quality. A large part of the harvest is squeezed into juice and the enchantingly scented orange blossom can be made into a wonderful spice or delicious tea.

Citrons verts, pamplemousses et mandarines

Les oranges, les pamplemousses, les mandarines et les citrons – dans leurs pays d'origine, ils protègent les habitants de l'excès de température sanguine, tandis qu'ils représentent une délicieuse source de vitamines dans les pays moins ensoleillés. Venant initialement d'Extrême-Orient, les agrumes sont aujourd'hui cultivés dans le monde entier, constituant désormais un facteur économique de poids dans le domaine de l'arboriculture. Les agrumes destinés à être consommés frais sont soigneusement récoltés à la main. L'écorce intacte est en effet un critère important de qualité. Une majeure partie de la récolte sert à la production de jus de fruit. Quant aux fleurs d'oranger délicatement parfumées, leur arôme vient enrichir comme épice les créations culinaires ou se déguste sous forme d'infusion.

Pompelmi, limoni e arance

Arance, pompelmi, mandarini e limoni – nei loro paesi d'origine vengono usati per proteggersi dall'eccesso di calore nel sangue, mentre chi è meno avvezzo al sole ne apprezza l'apporto di vitamine. Originari dell'Estremo Oriente, gli agrumi si coltivano oggi in tutto il mondo e costituiscono il fattore economico di maggiore rilevanza nella frutticoltura. I frutti destinati al consumo fresco vengono raccolti delicatamente a mano, poiché una buccia integra è un importante segno di qualità. Buona parte della raccolta è destinata alla produzione di succhi di frutta. Anche gli inebrianti fiori d'arancio vengono usati in profumeria, come meraviglioso aroma e per preparare un tè gustosissimo.

Mr. Carving

- Um die weisse Haut von Schale und Frucht abzulösen, muss das Messer sehr scharf sein!
- You will need a very sharp knife to remove the pith from the fruit and peel.
- Pour détacher la pelure blanche de l'écorce et du fruit, il faut un couteau très bien aiguisé!
- Per eliminare la pellicina bianca dalla scorza e dal frutto occorre un coltello ben affilato!

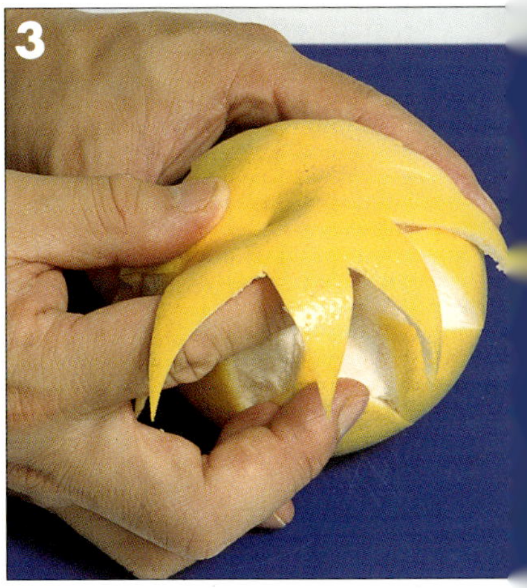

1

Werkzeug: Küchenmesser, Thaimesser

Tools: kitchen knife, Thai knife

Outils: couteau de cuisine, couteau thaï

Utensili: coltello da cucina, coltello thai

2

Mit dem Küchenmesser von oben, beginnend bei der Rundung der Frucht, bis in die Mitte ein Sternmuster einschneiden. Nur bis auf Schalentiefe schneiden, die weisse Fruchthaut bleibt bestehen.

Use the kitchen knife to cut a star pattern into the fruit. Cut in a downward motion from the fruit's curve to the middle of the fruit. Only cut skin deep. The white pith must remain intact.

Au couteau de cuisine, découpez l'écorce en forme d'étoile en commençant sur la rondeur du fruit, d'en haut, jusqu'à la moitié. Coupez uniquement dans l'écorce, sans toucher à la peau blanche en dessous.

Con il coltello da cucina intagliare una stella alla sommità del frutto, allungando le punte fino alla metà. Penetrare solo fino alla scorza, lasciando intatta la pelle bianca sottostante.

3

Die obere Hälfte der Schale vorsichtig ablösen.

Carefully detach the top half of the skin.

Détachez prudemment la partie supérieure de l'écorce.

Staccare delicatamente la parte superiore della scorza.

4

Auch die untere Schalenhälfte muss vorsichtig von der Frucht getrennt werden. Dazu mit dem Thaimesser die Schale vom Fleisch trennen und mit dem Finger die einzelnen Sterne und am Schluss die ganze Schale ablösen.

The bottom half of the skin must also be detached from the fruit carefully. Use the Thai knife to separate the flesh from the skin and then detach the individual points of the star and finally the entire skin with your finger.

Faites de même – toujours avec précaution – avec la moitié inférieure: vous devez d'abord séparer prudemment l'écorce de la surface des quartiers, puis détacher du doigt les pointes de l'étoile une à une, et enfin séparer du fruit l'écorce toute entière.

Eliminare piano piano dal frutto anche la metà inferiore della scorza. Staccare con il coltello thai la buccia dalla polpa e separare con le dita le singole punte delle stelle e, infine, l'intera scorza.

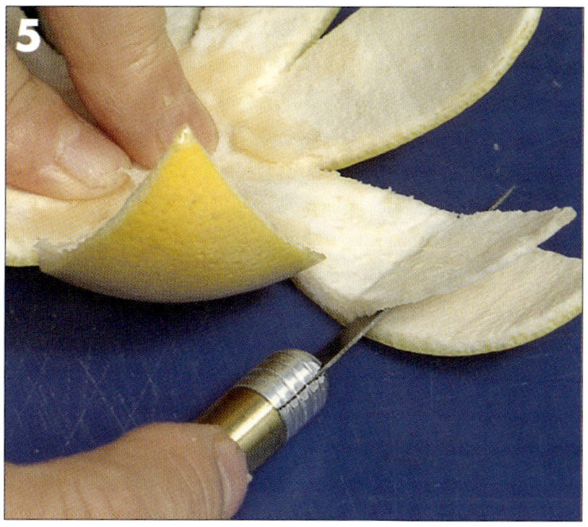

5

Mit dem Thaimesser die weisse Haut innen an der Sternschale entfernen.

Use the Thai knife to remove the pith on the inside of the peel star.

Enlevez au couteau thaï la couche blanche de la face intérieure de l'écorce en forme d'étoile.

Con il coltello thai togliere la pelle bianca all'interno della scorza a forma di stella.

6

Die Sternhälfte mit der Schale nach oben auf die Arbeitsfläche legen. Mit dem Küchenmesser in die einzelnen Sternzacken Blätter einschneiden.

Place the star half with the skin facing upwards on the work surface. Use the kitchen knife to cut petal shapes into the individual points of the star.

Etendez l'étoile ainsi obtenue, écorce vers le haut, à plat sur votre plan de travail. Découpez des pétales dans les pointes de l'étoile.

Sistemare le stelle con la scorza rivolta verso l'alto e intagliare nelle singole punte delle foglie usando il coltello da cucina.

Kombinieren erlaubt! Wie zum Beispiel diese Grapefruit-Wassermelonen-Blume.

Feel free to combine! For example as with this grapefruit-watermelon flower.

N'hésitez pas à combiner différents fruits! Voyez par exemple cette fleur faite de pamplemousse et de pastèque.

È permesso combinare! Come per esempio in questo fiore di pompelmo e anguria.

Zu Bild links: Die inneren Blätter der Sternzacken nach innen biegen und die Grapefruit gründlich von der weissen Haut befreien, die Schnitze vorteilen. So macht Grapefruit-Essen erst richtig Spass!

Picture left: fold the inner petals of the star points inwards and remove the white pith of the grapefruit thoroughly before dividing into segments. This is the best way to enjoy a grapefruit!

Illustration à gauche: courbez les pétales intérieurs des pointes de l'étoile vers le haut et veillez à ce qu'il ne reste pas de peau blanche. Séparez le fruit en quartiers. A présent, la dégustation de pamplemousses est un véritable plaisir!

Foto a sinistra: piegare verso l'interno le foglie intagliate nelle punte delle stelle e liberare interamente il pompelmo della pellicina bianca, prima di dividerlo in quarti. Così, il pompelmo diventa una vera leccornia!

Zitrusfrüchte
Citrus fruits
Les agrumes
Gli agrumi

Zitrusfrüchte eignen sich nicht besonders gut zum Schnitzen, die Schale ist meistens zu hart und das Fleisch zu weich und saftig. Deshalb wird oft die Schale dekorativ geschnitten, um die Frucht, die zum Essen bestimmt ist, besonders reizvoll zu präsentieren.

Citrus fruits are not particularly suitable for carving as their skins are usually too hard while their flesh is too soft and juicy. This is why the skin is often cut decoratively in order to present fruits temptingly.

Les agrumes ne sont pas vraiment très appropriés à la sculpture, parce que l'écorce est en général trop dure, tandis que la chair est trop tendre et juteuse. C'est pourquoi on découpe volontiers l'écorce de façon décorative pour présenter le fruit de manière attrayante.

Gli agrumi non sono proprio l'ideale per l'intaglio poiché la buccia è solitamente troppo dura mentre al contrario la polpa è troppo morbida e succosa. Per questo spesso si preferisce intagliare la scorza in modo decorativo per rendere più invitante il frutto destinato al consumo.

Keiner zu klein, eine Pomeranze zu sein! Die ganze Zitrusfamilie macht sich auf den Weg zum Sonntagsvergnügen: Orangen-Eltern und die kleinen Kumquats-Kinder, mit grossen Kirschenaugen und Kiwihüten, watscheln wild schnatternd.

No fruit is too small to join in the fun! The entire citrus family is off on a Sunday outing. Orange mummy and daddy and little kumquat children with large cherry eyes and kiwi hats are chattering wildly as they waddle along.

On n'est jamais trop petit pour participer aux festivités! Notre petite famille faite d'agrumes est en route pour un week-end ensoleillé: papa et maman orange, accompagnés des canetons kumquats aux grands yeux de cerise et aux chapeaux en kiwi, forment un groupe bien sympathique et plein d'entrain – on les entend presque caqueter!

Nessuna arancia è troppo piccina per fare una famiglia sopraffina! Tutta la famiglia degli Agrumi partecipa ad una simpatica passeggiata domenicale: mamma arancia e papà arancia insieme ai loro piccoli-kumquat, con grandi occhi di ciliegia e cappellini di kiwi, schiamazzano allegramente verso il divertimento!

Wenn die Krawatten dünn geschnitten werden, können sie einfach mit etwas Honig am Glasrand befestigt werden.

If the ties are cut thinly they can simply be attached to the rim of the glass with a little honey.

Si les cravates que vous avez taillées sont fines, vous pouvez simplement les coller au bord du verre avec un peu de miel.

Se le striscioline sono abbastanza sottili possono essere fissate al bordo del bicchiere semplicemente con un goccio di miele.

Banane

Die Tropenfrucht Banane hat immer Saison. Nur konnte sie bis heute leider nicht zum Schnitzen verwendet werden: das geschälte Fruchtfleisch wird in Verbindung mit Sauerstoff sofort braun. Schade, denn eigentlich eignet sie sich dank ihrer Konsistenz und Form ideal zum Ausstechen und dekorativen Schneiden. Nach intensiven Versuchen können wir Ihnen nun die perfekte Lösung anbieten: F-keep-fresh. Damit bleiben auch geschnittene und ausgestochene Bananen wunderbar frisch in der Farbe.

Banana

The tropical banana is always in season. Unfortunately it could not be used for decorative carving until now as its flesh turns brown immediately when exposed to oxygen. A pity really, as its consistency and shape make it ideal for cutting shapes and carving decorations. As a result of extensive trials we can now offer you the perfect solution: F-keep-fresh keeps the colour of bananas, sliced or cut into shapes, looking beautifully fresh.

La banane

La banane, ce fruit tropical, est toujours de saison. Mais jusqu'à présent, elle ne pouvait pas être utilisée pour des décorations sculptées. En effet, sa pulpe brunit immédiatement à l'air libre, ce qui est bien dommage, vu que sa consistance et sa forme se prêtent idéalement au découpage et aux sculptures décoratives. A la suite d'essais intensifs, nous sommes en mesure de vous présenter la solution: F-keep-fresh, grâce auquel les bananes découpées ou sculptées conservent leur belle couleur dans une fraîcheur impeccable.

La banana

La stagione della banana non finisce mai. Fino ad oggi, purtroppo, questo frutto era poco considerato per l'intaglio perché, una volta sbucciata, la sua polpa si ossida subito, diventando marrone. Un vero peccato, perché forma e consistenza della polpa sono ottimali per intagli decorativi e stampini. Dopo innumerevoli tentativi, siamo in grado di offrirvi una soluzione valida per contrastare l'annerimento: lo spray F-keep-fresh. Con questo spray le creazioni a base di banana conservano tutta la freschezza del loro colore.

1

Werkzeug: grosses Messer, Küchenmesser, Parisienne-Löffel, Tropfenausstecher gross und klein.

Tools: large knife, kitchen knife, baller, small and large tear drop cutters.

Outils: grand couteau, couteau de cuisine, cuiller parisienne, découpoirs en forme de goutte (un petit et un grand).

Utensili: coltello grande, coltello da cucina, scavino, stampini a forma di goccia grande e piccolo.

2

Mit dem grossen Messer links und rechts der Banane eine Länge abschneiden, sodass ein gleichmässig dickes Mittelstück entsteht.

Use the large knife to cut off lengthways slices down the right and leftt of the banana to create a middle section which is evenly thick.

Coupez au grand couteau une tranche à gauche et à droite dans le sens de la longueur, afin d'obtenir une partie centrale d'épaisseur constante.

Con il coltello grande tagliare in lunghezza la banana a sinistra e a destra per ottenere un pezzo centrale di spessore uniforme.

Banane
Banana
La banane
La banana

Achtung: die Banane wird sofort braun. Unbedingt nach jedem Ausstechen und nach jedem Schnitt sowie am Schluss das ganze Stück mit dem F-keep-fresh-Spray besprühen!

Please note: bananas turn brown immediately. Always spray with F-keep-fresh immediately after cutting shapes and carving and again when the decoration is complete.

Attention: la banane brunit tout de suite. Il faut absolument la traiter au F-keep-fresh après chaque découpe, et encore une fois traiter l'ensemble de l'ouvrage une fois terminé!

Attenzione: la banana annerisce subito! Dopo ogni intaglio o incisione è assolutamente necessario cospargere la polpa di spray F-keep-fresh. Ripetere l'operazione una volta terminata la creazione!

3

Aus dem Mittelteil mit dem grossen tropfenförmigen Ausstecher 8 Bananenstücke ausstechen.

Use the large tear drop cutter to cut 8 shapes out of the middle section.

Au moyen du plus grand des deux découpoirs, réalisez 8 pièces en forme de gouttes.

Con lo stampino a goccia grande ricavare dal pezzo centrale 8 gocce di banana.

4

Die Fruchtstücke sofort mit F-keep-fresh einsprayen (siehe Hinweis).

Spray the fruit shapes with F-keep-fresh immediately (see tip).

Traitez immédiatement les pièces découpées au F-keep-fresh (voir remarque).

Cospargere subito i pezzi con lo spray F-keep-fresh (vedi consiglio).

5

Mit dem kleineren Tropfenausstecher aus einer Pflaumenscheibe 8 kleine Tropfen ausstechen. Ebenfalls aus der Pflaume mit dem Parisienne-Löffel eine kleine Kugel formen.

Use the smaller tear drop cutter to cut 8 small shapes out of a slice of plum. Use the baller to shape a small ball out of the plum as well.

Avec le plus petit des deux découpoirs, réalisez 8 petites gouttes à partir de rondelles de prune. Egalement dans une prune, formez une petite boule à la cuiller parisienne.

Dalla buccia di una prugna ricavare con lo stampino piccolo 8 gocce. Ricavare dalla polpa della stessa prugna una pallina usando lo scavino apposito.

6

Die 8 Bananenstücke zusammensetzen, mit den Pflaumentropfen belegen und in die Mitte die kleine Kugel setzen.

Put the 8 banana pieces together and place the plum tear drop shapes on top. Finally place the small ball in the centre.

Assemblez les 8 gouttes de banane, disposez dessus les gouttes de prune et placez la petite boule au centre.

Comporre gli 8 pezzi di banana, ricoprirli con le 8 gocce di prugna e sistemare al centro la pallina di prugna.

6

5

Äpfel und Birnen

Es müssen nicht immer exotische Früchte sein. Auch einheimisches Obst eignet sich mit etwas Fantasie und Geschick hervorragend als Schnitzobjekt. Wie wärs mit einem Birnen-Laubfrosch oder einem blumigen Apfelgruss? Ihr günstiger Preis macht sie auch ideal für «Übungszwecke». Denn noch ist kein Meister vom Himmel gefallen… Und im Fruchtsalat schmecken auch «verschnitzte» Apfelstücke köstlich.

Apples and pears

Carved fruit decorations do not necessarily need to be made from exotic fruits. Local fruits serve the purpose just as well, especially if you use a little imagination and apply your skill. How about a pear frog or an apple flower, for example? The low cost of these fruits makes them ideal for practising your skills. Practice makes perfect, as they say … and after all, carved bits of apple are just as delicious as neat little squares in a fruit salad.

Les pommes et les poires

Il n'est pas nécessaire de toujours utiliser des fruits exotiques. Les fruits du pays se prêtent admirablement à la sculpture, si on y met un peu d'imagination et d'adresse. Que penseriez-vous d'une grenouille en poire ou d'un arrangement floral taillé dans des pommes? Grâce à leur prix avantageux, ces fruits sont également un matériau idéal pour s'exercer. Souvenez-vous que la perfection ne tombe pas du ciel – et que les sculptures de pomme ratées font de délicieuses macédoines de fruits.

Mele e pere

Non è detto che gli intagli si debbano fare solo con la frutta esotica. Con un po' di fantasia e abilità anche la frutta nostrana può regalarci incredibili modelli d'intaglio. Che ne direste di una simpatica ranocchia realizzata in una pera o di un omaggio floreale fatto di mele? La frutta locale, con i suoi prezzi contenuti, si presta benissimo per fare esercizio. Perché nessuno nasce maestro…! E i resti dell'intaglio saranno perfetti in qualsiasi macedonia!

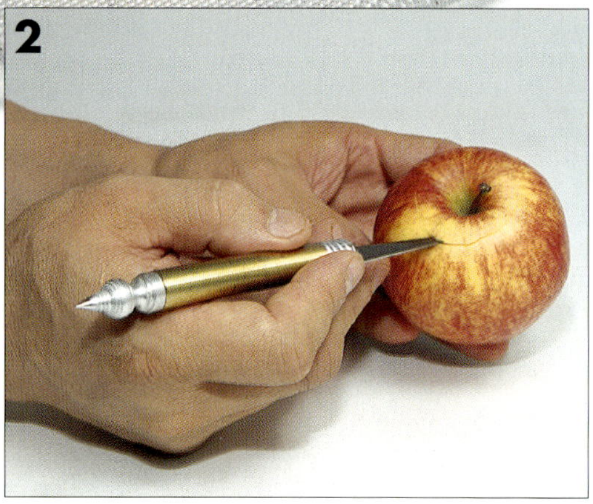

1

Werkzeug: Thaimesser

Tool: Thai knife

Outil: couteau thaï

Utensili: coltello thai

2

Rund um den Stiel eine Rondelle schneiden.

Cut a circular line around the stalk.

Coupez horizontalement une rondelle autour de la queue.

Intagliare una rondella attorno al gambo.

3

Schneiden Sie runde Blütenblätter ein und lösen Sie das Fruchtfleisch in einer dünnen Schicht aus.

Carve round petals and remove a thin layer of flesh.

Incisez des formes de pétales ronds et enlevez une fine couche de pulpe sur le dessus.

Incidere dei petali semicircolari e togliere un sottile strato di polpa.

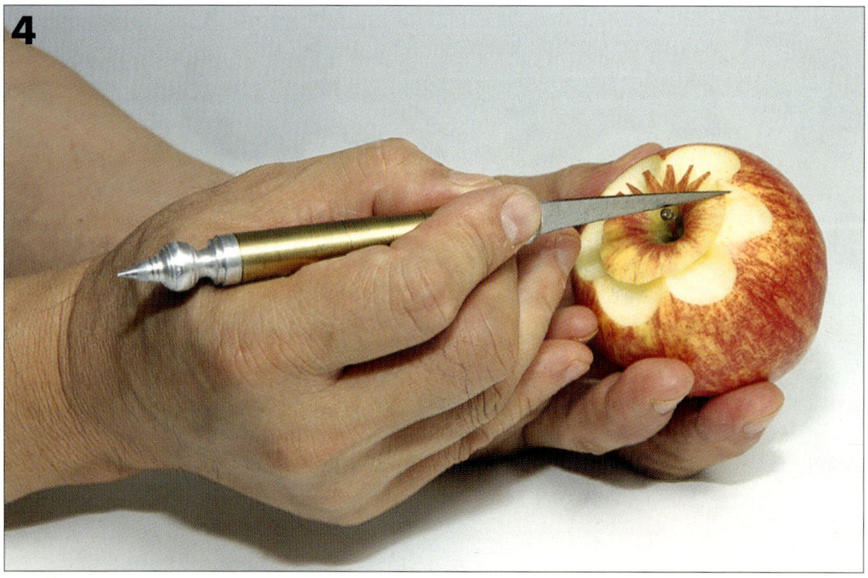

4

Die Rondelle um den Stiel im Zickzackschnitt einkerben.

Carve a zigzag pattern inside the circular line around the stalk.

Entaillez la rondelle en zigzag vers le centre, en étoile autour de la queue.

Incidere una dentellatura nella rondella praticata attorno al picciolo.

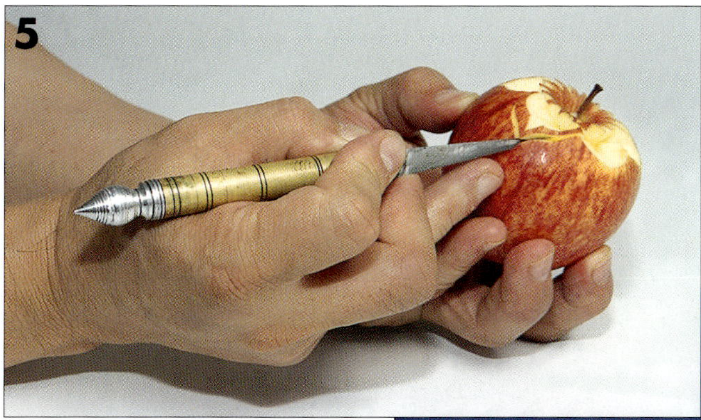

5

Die runden Blütenblätter V-förmig kerben und die Blätter dünn zur Mitte hin einschneiden.

Carve a V-shape around the petals and cut under thinly towards the centre.

Incisez les pétales ronds en V, puis découpez-les finement en coupant par-dessous vers le centre.

Praticare, al culmine dei petali semicircolari, un'incisione a V e intagliarli sottilmente procedendo verso il centro.

6

Vorsichtig die Blume vom Apfel trennen und das Eingeschnittene wegbrechen.

Carefully detach the flower from the apple and break off the cut pieces.

Détachez prudemment la fleur du reste de la pomme et retirez l'excès de découpe entre les pétales.

Separare con cautela il fiore ottenuto dal resto della mela, staccando delicatamente l'intaglio.

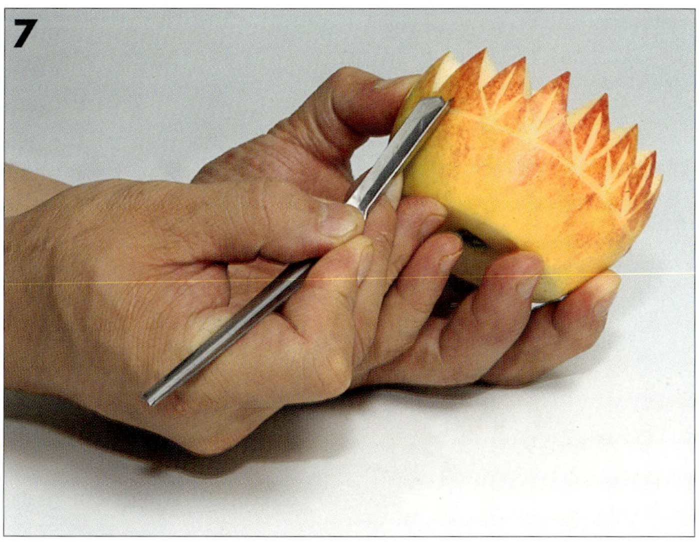

7

Einen halbierten, leicht ausgehöhlten Apfel ca. 2 cm unter dem Rand rundherum einkerben. Den Rand zickzacken. Mit dem V-Meissel oder Markierungsmeissel von der Linie aus nach oben dekorieren.

Take half an apple, hollow it out slightly and carve a groove all the way round about 2 cm below the edge. Zigzag the edge. Use the V-shaped or marking chisel to decorate from the groove upwards.

Incisez une marge de 2 cm sur le bord d'une demi-pomme un peu creusée. Découpez le bord en zigzag. A l'aide du burin en forme de V ou du burin à marquer, décorez de la ligne de base vers le haut.

In una mezza mela leggermente svuotata praticare un'incisione a 2 cm dal bordo. Dentellare l'orlo. Con lo scalpello a V o lo scalpello per demarcare decorare verso l'alto partendo dalla linea ottenuta.

Äpfel und Birnen
Apples and pears
Les pommes et les poires
Mele e pere

Diese Früchte bieten zum Schnitzen viele Vorteile. Sie sind praktisch immer erhältlich, günstig im Preis und dank ihrer schönen Farbe ergeben sich faszinierende Effekte.

There are several advantages in carving these fruits. They are practically always available, are inexpensive and their beautiful colours result in fascinating effects.

Ces fruits présentent bien des avantages pour la sculpture: ils sont pratiquement toujours disponibles, d'un prix avantageux, et permettent en raison de leurs belles couleurs des effets fascinants.

Questi frutti offrono numerosi vantaggi all'intagliatore: sono reperibili praticamente sempre, costano poco e, con i loro svariati colori, garantiscono risultati ad effetto.

Füllhorn
Horn container
Corne d'abondance
Cornucopia

1

2

1

- Werkzeug: Küchenmesser, Schnitzmeissel 1 und 5
- Tools: kitchen knife, carving chisels 1 and 5
- Outils: couteau de cuisine, burins n° 1 et 5
- Utensili: coltello da cucina, scalpelli da intaglio 1 e 5

2

- Den untersten Drittel der Birne schräg wegschneiden.
- Cut off the lower third of the pear diagonally.
- Coupez en biais le tiers inférieur de la poire.
- Tagliare di sbieco la parte inferiore di una pera.

3

Mit dem V-Meissel Nr. 1 eine kleine Rille rund um die Birne einkerben, ca. 3 mm vom Rand entfernt.

Use V-shaped chisel number 1 to carve a groove around the pear about 3 mm from the edge.

A l'aide du burin en forme de V n° 1, ciselez une petite rainure sur le pourtour de la poire, à environ 3 mm de distance du bord.

Con lo scalpello a V no. 1 incidere un piccolo solco tutto intorno alla base eliminata della pera, a ca. 3 mm.

4

Mit dem U-Meissel Nr. 5 das Kerngehäuse sauber aushöhlen. Von aussen nach innen mit der V-Seite kannelieren.

Use U-shaped chisel number 5 to remove the core cleanly. Use the V-shaped end to flute from the outside inwards.

Enlevez le cœur de la poire bien proprement au burin en forme de U n° 5. Cannelez la surface de la périphérie vers le centre en vous servant du côté en forme de V.

Con lo scalpello a U no. 5 scavare il torsolo in modo netto e deciso. Praticare una scanalatura dall'esterno all'interno servendosi dell'estremità a V.

5

Mit dem Küchenmesser die Form des Füllhorns grosszügig zuschneiden, dabei oben einen Rand stehen lassen. Den unteren Teil runden, damit die Form eines Blashorns entsteht.

Use the kitchen knife to cut out the shape of the horn container generously while leaving a rim at the top. Round the bottom part to resemble a wind instrument.

Taillez au couteau de cuisine l'ébauche d'une corne d'abondance, en laissant un bord en haut. Arrondissez la partie du bas, afin d'obtenir la forme d'une corne.

Con il coltello da cucina tagliare generosamente la pera a forma di cornucopia, lasciando in alto un bordo con il gambo. Arrotondare l'estremità più larga dandole la forma del corno.

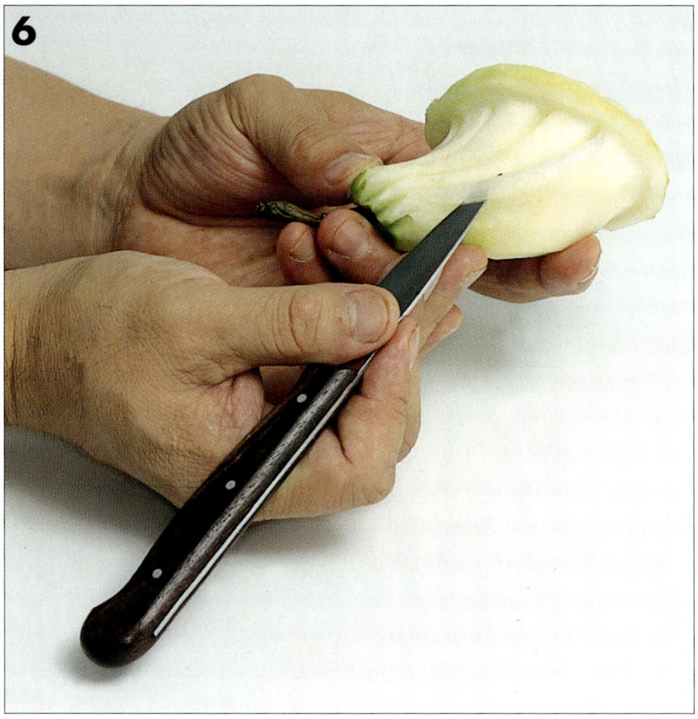

6

Beim verbliebenen Stielansatz im Zickzack das Grüne ausschneiden. Vom Birnenrand nach oben zum Stiel riefeln.

Cut a zigzag pattern in the green area around the stalk joint. Cut ripples from the edge of the pear upwards to the stalk.

Entaillez en zigzag la partie verte près de la queue et cannelez la corne d'un bord à l'autre.

Intagliare la parte rimasta verde accanto al gambo a zigzag e praticare in seguito delle scanalature verticali partendo dall'orlo più largo della pera fino al picciolo.

Mr. Carving

Äpfel und Birnen laufen nach dem Schälen schnell an. Eingesprayt mit dem F-keep-fresh sehen die Kunstwerke auch nach 3 bis 4 Tagen noch aus wie neu. Sie zeigen keinerlei braune Färbung.

The colour of apples and pears changes quickly once they have been peeled. Works of art sprayed with F-keep-fresh will continue to look fresh for 3 – 4 days. There will be no signs of browning.

Les pommes et les poires brunissent rapidement après avoir été pelées. Traitées avec un nuage de F-keep-fresh, les œuvres d'art ont encore l'air toutes fraîches au bout de 3 ou 4 jours, sans montrer le moindre brunissement.

Mele e pere iniziano ad annerire appena sbucciate. Se invece cospargete le vostre opere di spray F-keep-fresh si conserveranno 3–4 giorni come appena realizzate, senza mostrare la benché minima ossidazione.

Das Füllhorn kann mit verschiedenen Sorten Beeren gefüllt werden.

The horn container can be filled with a variety of berries.

La corne d'abondance peut être remplie de toutes sortes de baies.

La cornucopia è pronta per essere riempita di ogni sorta di bacche di bosco.

Der lustige Hase hat Kopf und Ohren, Arme und Beine aus einem Apfel und eine kleine Melone für den Bauch; dunkle Traubenbeeren für Nase und Augen, Johannisbeeren für die Nasenlöcher. Und aus Zwetschgenhaut schnitzen wir eine Krawatte.

The head and ears, arms and legs of this jolly rabbit are made from an apple while a melon has been used for the stomach. For the nose and eyes dark grapes and for the mouth red currants have been used. The tie has been cut out of plum peel.

Cet amusant lapin a une tête, des oreilles, des bras et des jambes faits de pomme, son ventre rond est un petit melon, ses yeux et son nez sont des grains de raisin noir, et ses narines sont faites de groseilles. Taillez-lui encore une cravate en peau de prune.

Il simpatico coniglietto è fatto interamente di frutta: testa e orecchie, braccia e gambe sono di mela; la pancia è un meloncino; naso e occhi sono acini d'uva nera; le narici sono di ribes e la cravatta è intagliata nella buccia di una prugna.

Mr. Carving

Die einzelnen Teile können mit Klebstoff oder Zahnstochern befestigt werden. Versuchen Sie es auch mit anderen Früchten und Beeren, lassen Sie die Fantasie der Kinder fliessen.

The individual parts can be attached with glue or toothpicks. Why not try using other fruits and berries? Allow your childhood imagination to run free.

Vous pouvez fixer les éléments à la colle ou avec des cure-dents. Expérimentez également avec d'autres fruits, grains et baies, et redécouvrez les trésors d'imagination de l'enfance.

È possibile fissare le singole parti del coniglio con adesivo o stecchini. Provate anche con altri tipi di frutta e bacche, lasciate galoppare liberamente la fantasia dei bambini!

Äpfel
Apples
Pommes
Le mele

Wenn geschnitzte Äpfel sofort mit F-keep-fresh eingesprüht werden, verfärben sie sich nicht mehr braun.

Spraying apples with F-keep-fresh immediately stops them turning brown.

Si vous vaporisez tout de suite du F-keep-fresh sur vos pommes sculptées, elles ne bruniront plus.

Se immediatamente cosparse di spray F-keep-fresh, le mele appena sbucciate non diventano marroni.

Melone – geschnitten und geschnitzt

Wer kennt sie nicht, die göttliche Vermählung von würzig und süss bei «Prosciutto e Melone». In Italien wurden die saftigen Früchte schon seit jeher heiss geliebt. Zum Beispiel auch als Sujet für Stillleben im 17. Jahrhundert. So eignet sich die Melone nicht nur für die Mal- und Kochkunst, sondern auch für das Schnitzhandwerk. Aber es geht auch ohne Schnitzen: Mit wenig Aufwand und etwas Phantasie lässt sich das Fruchtfleisch leicht attraktiv zuschneiden und präsentieren.

Melon – cut and carved

Most people will have tasted «ham and melon», a heavenly combination in which spicy and sweet flavours are united. In Italy, these juicy fruits have been a cool favourite for ages. The melon was a popular subject for still life art in the 17th Century, for example. But melons, apart from making great subjects for painting and being a culinary delight, are also very suitable for carving. It is not absolutely necessary to carve the melon, however. A little effort and imagination is all it takes to cut the flesh decoratively and present it attractively.

Le melon – coupé, taillé, sculpté

Qui ne le connaît pas, le mariage sublime des saveurs sucrées et salées du melon et du jambon cru, que les Italiens dégustent sous le nom de «prosciutto e melone»? En Italie, on a toujours adoré les melons, ces fruits juteux par excellence, au point de les mettre à l'honneur dans des natures mortes au 17e siècle. Le melon se prête non seulement à la gastronomie et à la peinture, mais tout aussi bien à la sculpture. Et même sans le sculpter, on peut facilement le tailler et le présenter de façon très décorative – il suffit d'un peu d'imagination.

Il melone

Chi non conosce il delizioso connubio di dolce e salato nel «Prosciutto e melone»? L'amore degli italiani per questo frutto non è una novità, visto che esso si ritrova persino in dipinti di nature morte del Seicento. Il melone è quindi da sempre un frutto perfetto da dipingere, da assaporare, ma anche da intagliare. Anche non intagliato, il melone fa sempre bella figura: basta un po' di fantasia per usare la sua colorata polpa a pezzetti e presentarla in creative decorazioni.

1

Werkzeug: Thaimesser, grosses Küchenmesser
Die Melone der Länge nach halbieren.

Tools: Thai knife, large kitchen knife
Cut the melon in half lengthways.

Outils: couteau thaï, grand couteau de cuisine
Coupez le melon en deux moitiés dans le sens de la longueur.

Utensili: coltello thai, coltello da cucina grande
Dimezzare il melone per il lungo.

2

Die Frucht entkernen und in kleine Schnitze schneiden. Die Schale mit dem Thaimesser nicht ganz ablösen. Sie muss an einem Ende mit dem Fruchtfleisch noch verbunden sein.

Remove the pips from the fruit and cut it into small slices. Use the Thai knife to detach most of the rind. It must remain attached to the flesh at one end.

Enlevez les pépins et découpez le fruit en quartiers. Au couteau thaï, détachez l'écorce sans aller jusqu'au bout, de façon à ce qu'elle reste attachée à la pulpe sur une des pointes.

Togliere i semi e tagliare a spicchi. Togliere la buccia solo in parte. Essa deve aderire ancora a un'estremità dello spicchio.

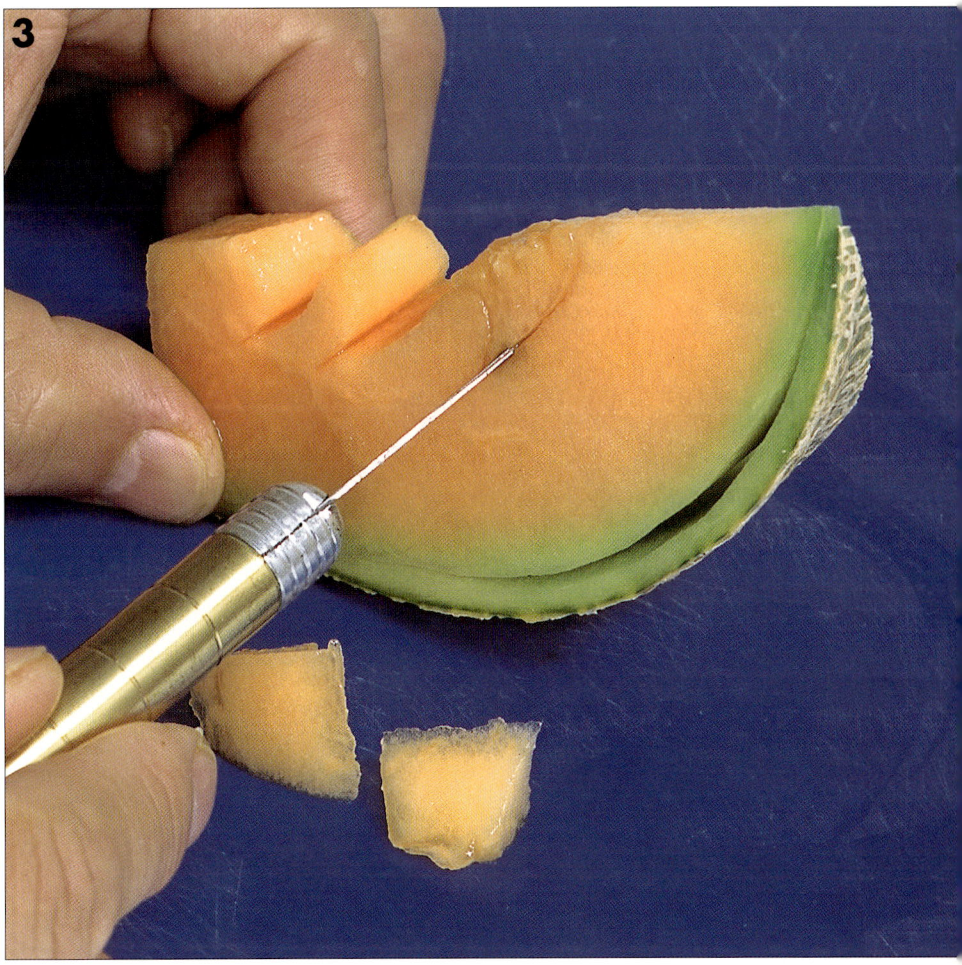

3

Das Schnitzende, dort wo die Schale und das Fruchtfleisch noch verbunden sind, gerade schneiden, damit der Schnitz steht. Am Fruchtrand in regelmässigen Abständen etwa 2 cm tiefe Kerben schnitzen.

Cut straight across the end where the flesh and rind are still attached to provide an even surface for the slice to stand on. Carve grooves about 2cm deep at regular intervals along the edge of the fruit.

Coupez droit la pointe qui reste attachée à l'écorce, pour que le quartier puisse tenir debout. Sur le bord, taillez à intervalles réguliers des crans de 2 cm de profondeur environ.

Nel punto in cui buccia e polpa sono ancora unite praticare un taglio dritto, affinché lo spicchio sia stabile. Praticare una dentellatura profonda ca. 2 cm nel frutto a distanza regolare.

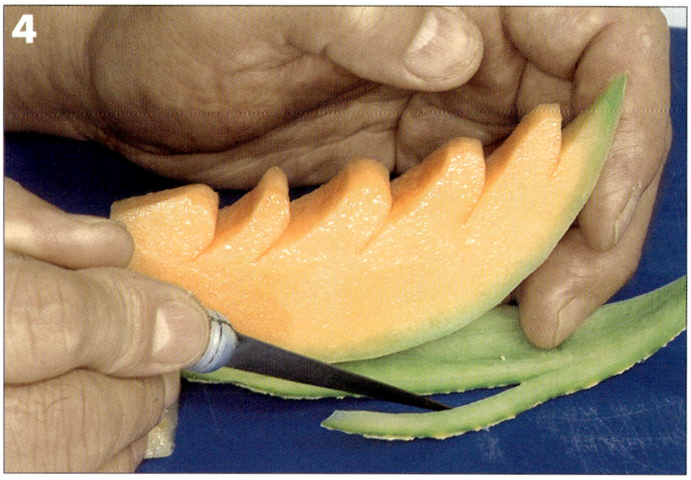

4

Links und rechts an der Schale von der Mitte bis kurz vor dem Spitz einen schmalen Streifen einschneiden.

Cut a narrow strip on the right and left side of the rind from the middle to just below the point.

Entaillez l'écorce en lanière à gauche et à droite, du milieu jusqu'à peu avant la pointe.

A sinistra e a destra incidere una sottile striscia di buccia dalla metà fino a raggiungere quasi l'estremità.

5

Den Melonenschnitz aufstellen und die zwei Schalenstreifen gegen innen biegen. Den Schalenspitz nach hinten legen.

Stand the melon slice up and fold the two rind strips inwards. Fold the point of the rind back.

Mettez le quartier de melon debout; courbez les deux lanières d'écorce vers l'intérieur, contre la pulpe, écartant la pointe de l'écorce en arrière.

Sistemare in piedi lo spicchio di melone e ripiegare le due strisce di buccia verso l'interno. Posizionare la punta della buccia verso l'esterno.

Schnell gemacht und wirkungsvoll präsentiert – der geschnittene Melonenschnitz. Die Schale kann beliebig eingeschnitten werden und ergibt so verschiedene Effekte!

Made quickly and presented effectively – the decoratively cut melon slice. The rind can be cut in different ways to achieve a variety of effects.

Vite réalisé, le quartier de melon ainsi taillé est une présentation qui fait beaucoup d'effet. L'écorce peut être découpée de toutes sortes de façons pour réaliser des effets différents.

Lo spicchio di melone intagliato è di veloce realizzazione e si presenta bene. A piacere è possibile praticare altri intagli nella buccia per creare effetti diversi!

1

Werkzeug: grosses Messer, Küchenmesser, Fruchtentkerner, mittelgrosser Rund-Ausstecher
Der Stielansatz ist oben. Die Frucht der Länge nach halbieren.

Tools: large knife, kitchen knife, fruit corer, medium sized round cutter
The stalk end is at the top. Cut the fruit in half lengthways.

Outils: grand couteau, couteau de cuisine, dénoyauteur, découpoir rond de taille moyenne
Côté tige vers le haut, coupez le fruit en deux moitiés dans le sens de la longueur.

Utensili: coltello grande, coltello da cucina, levatorsoli, stampino rotondo medio.
Dimezzare il frutto per lungo tenendo verso l'alto l'attaccatura del picciolo.

2

Die Hälften entkernen. Unten und oben gerade schneiden, dann quer halbieren.

Remove the pips from both halves. Cut off both ends in a straight line and then halve again widthways.

Enlevez les pépins des deux moitiés. Coupez droit les deux bouts de chaque moitié et coupez le reste des moitiés en deux.

Eliminare i semi dalle due metà. Tagliare via le semicalotte superiore e inferiore e dimezzare nuovamente il frutto.

3

Runde Stängel ausstechen. Darauf achten, möglichst die ganze Frucht auszunutzen.

Cut out cylindrical shapes. Make sure you use as much of the fruit as possible.

Découpez des tiges cylindriques, veillant à utiliser le fruit au maximum.

Con il levatorsoli ricavare bastoncini rotondi, cercando di sfruttare tutta la polpa.

4

Die Stängel schräg in Scheiben schneiden. Den Schrägschnitt so setzen, dass beim Aufstellen die obere Fläche wieder waagrecht ist.
Mit dem runden Ausstecher aus Melonenfleisch Plätzchen ausstechen.

Cut the cylindrical shapes into slices. Do this by cutting across the cylindrical shape at an angle making sure that the top of each slice is horizontal when lying flat. Use the round cutter to cut out circles from the melon flesh.

Coupez les tiges en biais, de façon à obtenir de petites rondelles épaisses à surfaces parallèles. Découpez également des rondelles (plus grandes et moins épaisses) dans de la pulpe de melon à l'aide du découpoir rond.

Tagliare obliquamente a tronchetti i bastoncini. La superficie superiore di ogni tronchetto deve essere perfettamente orizzontale. Ricavare dei tondini dalla polpa del melone utilizzando lo stampino medio.

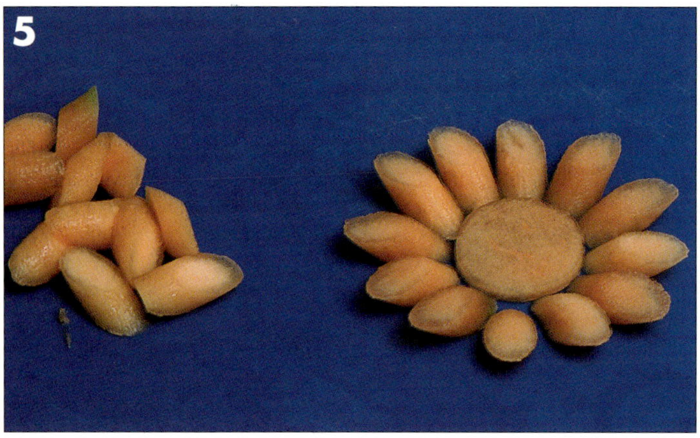

6

Die restlichen schrägen Stücke in die Mitte setzen, sodass ein Blütenkranz entsteht.

Place the remaining slanted slices in the centre to create a petal crown.

Disposez les autres petites rondelles au milieu, de façon à former une deuxième rangée de pétales.

Sistemare i restanti pezzi di polpa al centro per ottenere la corolla di un fiore.

5

Das Plätzchen in die Mitte auf einen Teller oder eine Platte legen. Aussen herum einen Ring mit schrägen Stücken platzieren.

Place the melon flesh circle in the centre of a plate or dish and arrange the slanted slices in a circle around it.

Placez une grande rondelle au milieu d'une assiette ou d'un plat. Disposez tout autour un cercle de petites rondelles coupées en biais.

Sistemare il tondino ricavato al centro di un piatto o di un vassoio e posizionare i tronchetti tutto attorno.

7

Den ganzen Innenteil gleichmässig ausfüllen.

Fill in the entire centre evenly.

Remplissez tout l'intérieur bien régulièrement.

Riempire in modo uniforme tutta la parte interna.

Mr. Carving

Dieses Sujet ist sehr wirkungsvoll und äusserst schnell gemacht. Es braucht keine Schnitzkenntnisse dazu, nur das richtige Werkzeug.

This design is very effective indeed and takes very little time to make. It requires no carving experience, just the right tools.

Ce motif fait beaucoup d'effet et peut être réalisé en un tour de main. Il ne suppose pas de connaissances préalables – il suffit de disposer des outils nécessaires.

Questo soggetto floreale è di grande effetto e si realizza velocemente. Non necessita di particolari conoscenze d'intaglio, ma solo degli utensili giusti.

Diese Melone wird geschnitten und ausgestochen, nicht geschnitzt. Deshalb kann auch eine reifere Frucht verwendet werden.

As the melon is cut decoratively or cut into shapes and not carved, riper fruits may be used too.

Ce melon n'est pas sculpté: il est seulement coupé et découpé. On peut donc utiliser ici un fruit déjà mûr.

Per realizzare il fiore, il melone non viene intagliato bensì tagliato e scavato. In questo caso è adatto anche un frutto un po' più maturo.

Dank den Bar-Ausstechern können diese Figuren an den Glasrand gehängt und müssen nicht befestigt werden.

Thanks to the bar cutters these figures can simply be hung from the rim of the glass and require no further form of attachment.

Grâce aux découpoirs de bar, ces décorations sont formées de façon à tenir toutes seules sur le bord du verre.

Con gli speciali stampini da bar queste figure non hanno bisogno di essere fissate sull'orlo del bicchiere.

1

Werkzeug: grosses Messer, Küchenmesser, Fruchtentkerner, mittelgrosser Rund-Ausstecher
Die Frucht der Länge nach halbieren.

Tools: large knife, kitchen knife, fruit corer, medium sized round cutter
Cut the fruit in half lengthways.

Outils: grand couteau, couteau de cuisine, dénoyauteur, découpoir rond de taille moyenne
Coupez le fruit en deux moitiés dans le sens de la longueur.

Utensili: coltello grande, coltello da cucina, levatorsoli, stampino rotondo medio.
Dimezzare il frutto per il lungo.

2

Von der Melone mit dem grossen Messer Scheiben abschneiden.

Cut slices off the melon using the large knife.

Avec le grand couteau, coupez le melon en tranches.

Affettare il frutto con il coltello grande.

3

Mit dem Fruchtentkerner in der Mitte einen Ring eindrehen, nicht durchstechen!

Use the fruit corer and twist it in the centre to make a circle. Do not press the corer all the way through!

A l'aide du dénoyauteur, incisez un cercle au centre d'une tranche, sans traverser de part en part.

Al centro della fetta segnare un tondino con il levatorsoli, senza tuttavia prelevare la polpa.

4

Die Fruchtscheibe von der Mitte nach aussen sternförmig in Sektoren einteilen. Nur bis zur halben Fruchttiefe einschneiden!

To divide the fruit slice into individual sections, cut a star pattern from the centre outward. Do not cut deeper than halfway through the slice!

Au couteau, marquez la division de la tranche en secteurs depuis le centre vers l'extérieur, en étoile. N'allez pas plus loin que jusqu'à la moitié en profondeur.

Suddividere la fetta a settori (come una stella) incidendo dal centro all'esterno. Incidere solo la metà dello spessore!

5

Mit dem Küchenmesser die einzelnen Sektoren schräg nach unten wie eine Treppe schnitzen.

Use the kitchen knife to cut downward at an angle in each section to create a step-like shape.

Au couteau, taillez les secteurs en biais de façon à obtenir une formation en escalier.

Con il coltello da cucina tagliare i singoli settori di sbieco verso il basso, come una scala.

7

Den runden Blütenstempel in der Mitte leicht freistellen.

Expose the round pistil in the centre subtly.

Dégagez un peu le cœur rond de la fleur.

Mettere delicatamente in rilievo il centro del fiore.

6

Den äusseren Rand der einzelnen «Stufen» im Dreieck, schräg nach innen, wegschneiden. Schalenresten am Spitz entfernen, die Spitze jedoch leicht grün belassen.

Cut inward at an angle from the outer edge of each «step» to remove a triangular shape. Remove superfluous rind at the points taking care that these remain slightly green.

Coupez en triangle le bord extérieur des «marches», en biais vers l'intérieur. Enlevez les restes d'écorce des pointes, en laissant cependant un peu de vert à l'extrémité.

Eliminare il bordo esterno dei singoli «gradini» con un taglio di forma triangolare, procedendo di sbieco verso l'interno.

Mr. Carving

Diese zwei Arbeiten zeigen, wie mit wenig Aufwand und etwas Fantasie unterschiedliche Effekte erzielt werden können. Beide Sujets sind einfach und schnell zu schnitzen und gelingen garantiert auch Anfängern.

These two examples show how different effects can be achieved without great effort and just a little imagination. Both designs are easy to carve and take little time. Even beginners can make them successfully.

Ces deux ouvrages montrent comment on peut avec un peu d'imagination obtenir des effets différents en un tour de main. Les deux motifs sont faciles et rapides à réaliser. Même les débutants sont sûrs de les réussir!

Questi due esempi dimostrano quanto sia facile realizzare modelli ad effetto con poca fatica e un po' di fantasia. Entrambi i modelli sono semplici e veloci da intagliare e la loro riuscita è garantita anche ai principianti.

1

Eine Melonenscheibe abschneiden. In der Mitte der Scheibe mit dem grossen runden Ausstecher einen Kreis vorzeichnen. Diesen Kreis mit dem Küchenmesser bis zur halben Fruchttiefe nachschneiden. Den Rand allenfalls etwas schälen. Die übrigen Schritte sind die gleichen wie beim Melonen-Windrad, nur dass schmalere Spalten geschnitten werden.

Cut off a slice of melon. Use the large round cutter to outline a circle in the middle of the slice. Use the kitchen knife to cut along the line of the circle. The depth of the cut should be half the depth of the slice. Peel the rind off the edge a little if required. Then follow the instructions as for the windmill, but this time the «steps» are narrower.

Coupez une tranche de melon. Au centre de la tranche, marquez un cercle à l'aide du grand découpoir rond. Accentuez ce cercle au couteau de cuisine jusqu'à la moitié de l'épaisseur. Pelez un peu le bord au besoin. Les gestes suivants sont ceux du moulin à vent décrit ci-dessus, sauf que les sections doivent être plus minces.

Tagliare una fetta di melone. Al centro delineare un cerchio con lo stampino rotondo grande. Intagliare questo cerchio sulla linea fino a metà spessore della polpa. Eventualmente sbucciare il bordo. Le fasi successive sono le stesse viste per la realizzazione della girandola di melone, solo che i settori in cui è suddivisa questa fetta di melone sono più sottili.

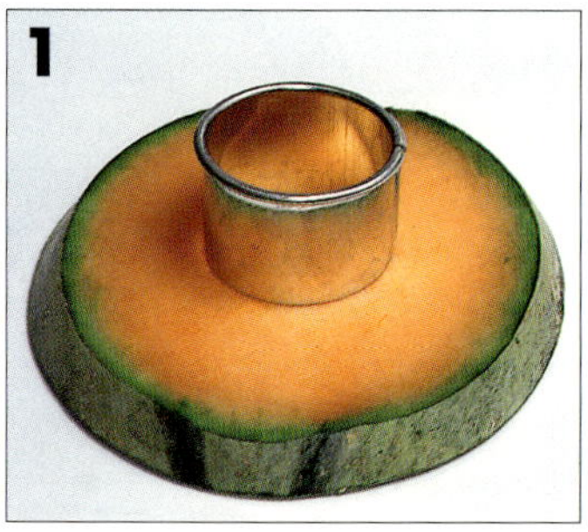

2

Den Blütenstempel in der Mitte evtl. nochmals etwas mehr freistellen und kleine Quadrate einschneiden (vertikale und horizontale Rillen schnitzen).

Expose the pistil a little more if necessary and decorate it by cutting a fine lattice pattern (carve vertical and horizontal lines).

Détachez éventuellement un peu plus le cœur du fond et incisez-le en grille, verticalement et horizontalement.

Mettere eventualmente ancor più in rilievo il centro del fiore e incidervi un reticolo di piccoli quadrati (incidendo solchi verticali e orizzontali).

Die andere Seite des Muscheldeckels dient hier als Fächer. Sorgfältiges, sauberes Bearbeiten beider Seiten eines Stückes lohnt sich also doppelt.

The other side of the shell lid has been made into a fan in this example. This proves that working carefully and cleanly on both sides of a show-piece makes it twice as effective!

L'autre face du couvercle en forme de coquillage sert d'éventail. Un travail soigneux des deux côtés de l'ouvrage est donc doublement rentable.

Se vista dal retro, la conchiglia diventa un ventaglio. Vale quindi doppiamente la pena effettuare una lavorazione attenta e precisa di entrambi i lati della creazione.

1

Werkzeug: Küchenmesser, Thaimesser, Markierungsmeissel, V-Schnitzmeissel Nr. 2

Tools: kitchen knife, Thai knife, marking chisel, V-shaped chisel number 2

Outils: couteau de cuisine, couteau thaï, burin à marquer, burin n° 2 en forme de V

Utensili: coltello da cucina, coltello thai, scalpello per demarcare, scalpello a V no. 2

2

Für den oberen Teil des Schaustückes mit dem Markierungsmeissel oder der Rückseite des Thaimessers eine sternförmige Blume mit 6 Blättern vorzeichnen, beginnend oben am Stiel.

For the top part of the show-piece use the marking chisel or the back of the Thai knife to draw the outline of a star-shaped flower with 6 petals beginning at the stalk at the top.

Pour la partie supérieure de votre œuvre, dessinez une fleur de 6 pétales, en étoile, à l'aide du burin à marquer ou avec l'arrière du couteau thaï. Commencez en haut, à la tige.

Per la parte superiore del modello da esposizione disegnare con lo scalpello per demarcare o con la coda del coltello thai un fiore a forma di stella con 6 petali, iniziando dall'attaccatura del gambo.

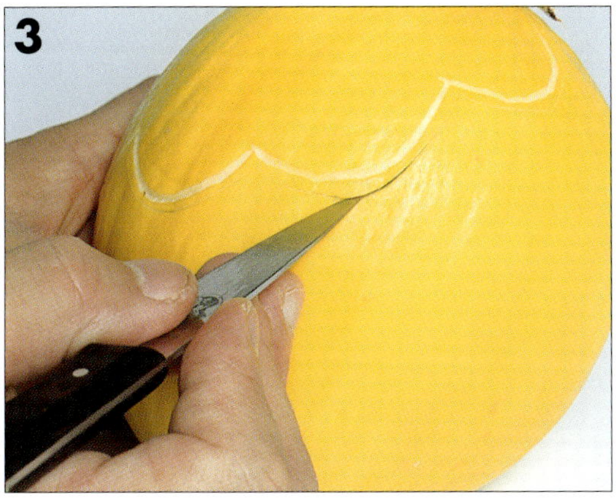

3

Mit dem Küchenmesser ausserhalb der vorgezeichneten Umrisse diese Blütenformen nachschneiden.

Use the kitchen knife to cut along the petal shapes outside the outline.

Au couteau de cuisine, faites une découpe à l'extérieur des contours esquissés.

Con il coltello da cucina incidere il fiore delineato procedendo all'esterno dei contorni tracciati prima.

4

Mit dem Thaimesser die Blume ausschnitzen wie bei der Pfirsichblume (siehe Seite 124).

Use the Thai knife to carve the flower following the instructions for the peach flower (see page 124).

Au couteau thaï, sculptez la fleur comme la fleur faite dans une pêche (voir page 124).

Con il coltello thai intagliare ora il fiore come descritto per il fiore di pesca (vedi pag. 124)

5

Den Hintergrund über die Hälfte der Frucht wegschälen und die Blume freistellen.

In the half with the flower, peel off the rind of the background to expose the flower.

Pelez le fond sur la moitié du fruit, de façon à ce que la fleur se détache bien du fond.

Sbucciare lo sfondo, per mettere in rilievo il fiore, fino a metà frutto.

6

Mit dem V-Meissel die weisse Fläche rund um die Blume von aussen nach innen einkerben.

Use the V-shaped chisel to carve grooves into the white surface around the flower from the outside inwards.

Cannelez la surface blanche autour de la fleur de l'extérieur vers le centre au burin en forme de V.

Con lo scalpello a V dentellare dall'esterno all'interno la superficie bianca attorno al fiore.

7

Am oberen Rand der Blume entlang und rund um den Stiel mit dem Thaimesser einen Deckel in Blütenblätterform einzeichnen.

Use the Thai knife to draw a lid in the shape of a petal at the top edge alongside the flower and around the stalk.

Sur le bord supérieur, le long de la fleur et autour de la tige, dessinez au couteau thaï un couvercle en forme de pétales.

Con il coltello thai delineare un coperchio a forma di corolla lungo il bordo superiore del fiore e attorno all'attaccatura del gambo.

5

6

7

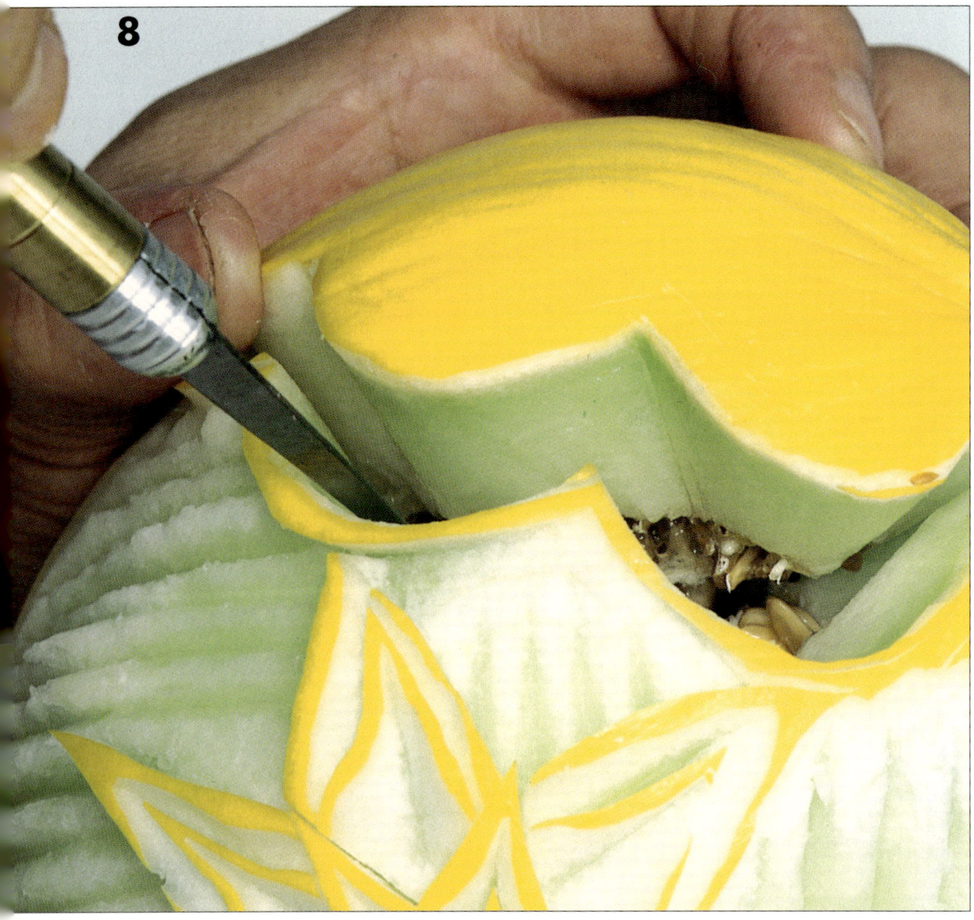
8

8

Den Deckel von den Kernen befreien.

Remove the pips from the lid.

Enlevez les pépins du couvercle.

Liberare il coperchio dai semi.

9

In diesen Deckel wiederum die Blume schnitzen.

Once again carve the flower design into this lid.

Sculptez une fleur dans le couvercle.

Intagliare nuovamente il fiore su questo coperchio.

10

Die Schale rund um die Blume abschälen, dabei am äusseren Rand einen schmalen gelben Rand stehen lassen.

Peel off the rind around the flower leaving a narrow yellow rim along the outer edge.

Pelez l'écorce autour de la fleur, laissant une fine bordure jaune au bord extérieur.

Eliminare la buccia attorno al fiore lasciando sul bordo una sottile striscia gialla.

11

Für den Sockel von einer zweiten Melone einen kleinen Boden und einen etwas grösseren Deckel abschneiden.

Cut a small section off the bottom and a slightly larger one off the top of another melon to make the plinth.

Coupez pour le socle un petit fond et un couvercle un peu plus grand dans un autre melon.

Per realizzare la base, tagliare da un secondo melone la calotta inferiore e un coperchio un po' più grosso.

12

Etwa ⅓ unterhalb des oberen Randes mit dem Markierungsmeissel rundum eine Rille einkerben.

Use the marking chisel to carve a groove all the way round about one third below the top edge.

Environ à ⅓ sous le bord supérieur, incisez une rainure sur tout le tour au burin à marquer.

A circa ⅓ dal bordo superiore praticare con lo scalpello per demarcare un solco tutto intorno al frutto.

13

Mit dem Küchenmesser vom oberen Rand zur Rille zickzack vorzeichnen. Die oberen Zacken vom Fruchtfleisch trennen.

Use the kitchen knife to draw a zigzag pattern from the top to the groove. Detach the upper points of the zigzag pattern from the flesh.

Au couteau de cuisine, dessinez des crans en zigzag entre le bord supérieur et la rainure. Séparez de la pulpe les pointes descendantes.

Con il coltello da cucina disegnare uno zig-zag dal bordo superiore al solco. Separare le scaglie superiori dalla polpa.

14

In jede dieser losgelösten Zacken ein entgegengesetztes Dreieck einschneiden.

Cut an inverse triangle inside each of the previously detached points of the zigzag pattern.

Incisez dans chacune de ces pointes décollées un triangle en sens inverse.

Su ognuna di queste scaglie incidere un triangolo al contrario.

13

14

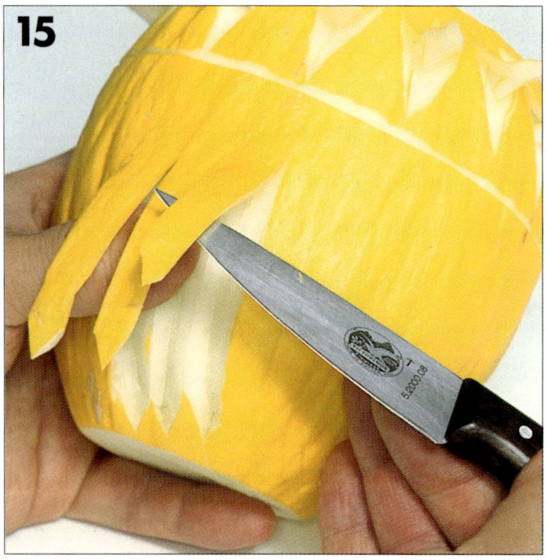
15

15

Im unteren Teil, etwa 1 cm unterhalb der Rille beginnend, von oben nach unten schmale Streifen schneiden, unten spitz zulaufend. Die Streifen von unten nach oben vom Fruchtfleisch lösen.

In the lower section, about 1 cm below the groove, cut narrow strips, which taper to a point at the bottom. Detach the strips from the flesh from the bottom upwards.

Dans la partie inférieure, en commençant environ 1 cm sous la rainure, coupez de haut en bas de fines lanières terminant en pointe vers le bas. Détachez les lanières de bas en haut de la pulpe.

Nella parte inferiore del frutto, iniziando circa 1 cm sotto il solco, tagliare dall'alto in basso dei nastri stretti di buccia, allontanandoli dalla polpa.

16

16

Den Sockel platzieren: die unteren und oberen Spitzen schön nach aussen stellen.

Position the plinth and pull the upper and lower points outwards decoratively.

Placez le socle: disposez soigneusement les pointes inférieures et supérieures vers l'extérieur.

Sistemare la base, allargando le punte inferiori e superiori verso l'esterno.

17

Den oberen Teil des Schaustückes, die Melonenblume, aushöhlen und auf dem Sockel mit Zahnstochern befestigen.

Hollow out the top section of the show-piece, the melon flower, and attach it to the plinth using toothpicks.

Evidez la partie supérieure de votre œuvre, la fleur taillée dans un melon, et fixez-la sur le socle à l'aide de cure-dents.

Svuotare la parte superiore del modello, il fiore ricavato dal melone, e fissarlo alla base mediante stecchini.

17

18

18

Ebenfalls den Deckel dekorativ an der Frucht anbringen.

Attach the lid to the fruit decoratively too.

Fixez également le couvercle de façon décorative sur le fruit.

Sistemare il coperchio sulla composizione in modo decorativo.

Mr. Carving

Dieses Prunkstück sieht aus wie ein Meisterwerk, obwohl es relativ einfach zum Schnitzen ist. Vorausgesetzt man beherrscht das Blumenschnitzen! Auch braucht es etwas Zeit. Deshalb die geschnitzten Teile mit f-keep-fresh einsprayen und, falls die Arbeit für längere Zeit unterbrochen wird, in Folie verpacken. So wirken die Einzelteile beim Zusammenstellen alle gleich frisch.

This show-piece looks like a true work of art although it is relatively easy to carve. If one knows how to carve flowers, that is! It will also require a little time. Therefore the carved pieces should be sprayed with f-keep-fresh and, if work is interrupted for longer periods, they should be wrapped in foil. This ensures that all pieces will look equally fresh when they are put together.

Cette superbe pièce de décoration a l'air d'une véritable œuvre d'art, bien qu'elle soit relativement facile à sculpter – à condition de maîtriser la technique de sculpture de fleurs! La réalisation nécessite un certain temps. Il faudra donc vaporiser du F-keep-fresh sur les parties sculptées, et, si le travail doit être interrompu relativement longtemps, bien les couvrir de film plastique. Ainsi, toutes les parties de votre ouvrage auront encore un aspect parfaitement frais lors de l'assemblage.

Questo bel modello da esposizione si presenta come un vero capolavoro anche se è relativamente semplice da intagliare. Sempre se si conosce a menadito l'intaglio dei fiori nella frutta! E' una creazione che comunque richiede un po' di tempo: per questo è consigliabile cospargere le parti già pronte con lo spray F-keep-fresh e, nel caso il lavoro debba essere interrotto per un tempo prolungato, avvolgerle nella pellicola trasparente. Una volta ricomposto il modello, tutti i pezzi si presenteranno egualmente freschi.

1

1

Schnitzen Sie diesen Pfau gemäss der Technik in Lektion 12, Seiten 150–152.

To carve this peacock follow the technique described in lesson 12, pages 150–152.

Sculptez ce paon à l'aide de la technique décrite dans la leçon 12, pages 150 à 152.

La tecnica per intagliare questo pavone è spiegata alla lezione 12, pagine 150–152.

1

Werkzeug: gerillte U-Meissel Nrn. 1–8, Küchenmesser
Der Stielansatz ist oben. Die obere Hälfte mit dem Küchenmesser ganz dünn schälen. Die grüne Schicht darunter muss sichtbar bleiben! Den Stielansatz stehen lassen. Beim Schälen unbedingt auf die natürliche runde Form achten und eine möglichst gleichmässige Oberfläche schaffen.

Tools: fluted U-shaped chisels numbers 1–8, kitchen knife.
The stalk end is at the top. Peel off the skin in a thin layer using the kitchen knife. The green layer underneath must remain visible! Do not remove the stalk joint. Make sure you take the natural round shape into account when peeling and create a surface which is as smooth as possible.

Outils: burins cannelés n° 1 à 8 en forme de U, couteau de cuisine
Le côté tige vers le haut, pelez très finement la moitié supérieure – la couche verte en dessous doit rester visible! Le reste de tige reste en place. En pelant, veillez soigneusement à suivre la forme ronde naturelle et à obtenir une surface très égale.

Utensili: scalpelli a U scanalati numeri 1–8, coltello da cucina.
Posizionare l'attaccatura del gambo verso l'alto. Sbucciare la metà superiore in strato molto sottile, in modo che il verde sottostante resti visibile. Lasciare intatta l'attaccatura del gambo. Sbucciare in modo uniforme rispettando la forma naturale del frutto.

2

Mit dem Küchenmesser um den Stielansatz eine Rille schneiden.

Use the kitchen knife to carve a circular groove around the stalk joint.

Pratiquez au couteau de cuisine une entaille circulaire autour du reste de tige.

Intagliare un solco attorno all'attaccatura del gambo con il coltello da cucina.

3

Mit der runden Seite des kleinsten gerillten U-Meissels der Rille entlang einstechen und das Fleisch auslösen.

Use the round end of the smallest fluted U-shaped chisel and press it into the fruit along the groove and detach the flesh.

A l'aide du côté rond du plus petit des burins cannelés en forme de U, enlevez la pulpe en forme de pétales autour de l'incision circulaire.

Con la parte più tondeggiante dello scalpello più piccolo incidere attorno al solco praticato ed allontanare la polpa.

4

Mit dem gleichen Meissel parallel darunter einstechen.

Press the same chisel into the fruit parallel below this.

Enfoncez de nouveau le même burin en parallèle juste dessous.

Con lo stesso scalpello incidere parallelamente al di sotto.

5

Die Rillung darunter mit dem Küchenmesser grosszügig abschneiden, um die Blütenblätter freizustellen.

Use the kitchen knife to remove the grooved area below generously to expose the petals.

Découpez amplement les cannelures en dessous au couteau de cuisine, afin de dégager les pétales.

Allontanare generosamente la polpa al di sotto dei petali per metterli in rilievo.

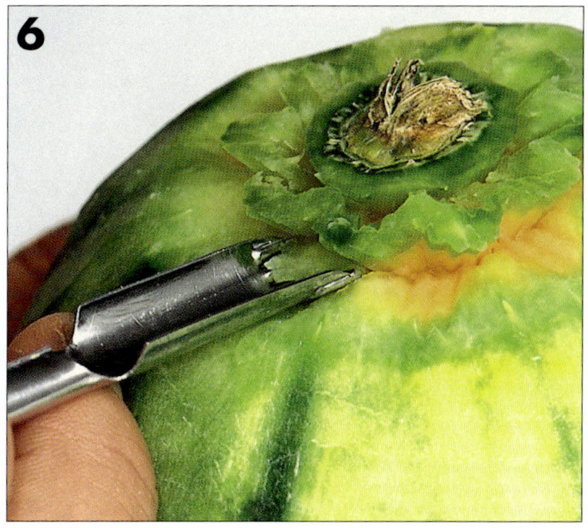

6

Mit dem nächstgrösseren Meissel zwischen den bestehenden Blättern neu einstechen und das Fleisch ablösen. Den Meissel leicht schräg von oben führen. Mit der gerillten Seite wieder parallel einstechen. Das Fruchtfleisch darunter mit dem Küchenmesser entfernen, dabei auf eine schöne runde Form achten.

Take the chisel the next size up and press it into the fruit between the existing petals and detach the flesh. Press the chisel in from the top at a slightly slanted angle. Press in the fluted end parallel to this. Use the kitchen knife to remove the flesh underneath making sure that you cut a beautifully round shape.

Enfoncez, légèrement en biais depuis le haut, le burin de taille suivante entre deux pétales de la première rangée, puis de nouveau juste en dessous en parallèle, pour obtenir une deuxième rangée décalée par rapport à la première. Enlevez au couteau de cuisine la pulpe qui se trouve en dessous, tout en veillant à obtenir une belle forme ronde.

Con lo scalpello della misura immediatamente superiore incidere nuovamente tra i petali precedenti staccando la polpa. Penetrare nella polpa leggermente di sbieco dall'alto. Incidere nuovamente in senso parallelo con la parte scanalata. Eliminare la polpa al di sotto con il coltello da cucina, mantenendo una forma tonda armoniosa.

7

Nun mit dem Meissel Nr. 4 arbeiten, ihn jetzt gerade einstechen. Die Schritte jeweils mit dem nächstgrösseren Meissel wiederholen, jetzt das Werkzeug leicht von unten nach oben führen, der natürlichen Form angepasst.

Now take chisel number 4 and press it straight into the fruit. Continue to repeat these steps while increasing the chisel size each time. The tool must now be applied from the bottom upwards in accordance with the shape of the fruit.

Continuez au burin n° 4, désormais à l'horizontale. Répétez les mêmes gestes avec la prochaine taille de burin, à présent légèrement en biais depuis le bas, toujours en fonction de la forme naturelle du fruit.

Lavorare ora con lo scalpello no. 4 e inserirlo nella polpa in senso orizzontale. Ripetere tutte le fasi descritte con lo scalpello successivo, introducendolo però nella polpa dal basso verso l'alto, seguendo la forma naturale del frutto.

8

Unter der untersten Blätterreihe mit dem Küchenmesser eine tiefe Schicht wegschneiden, sodass der Blütenkranz schön freisteht.

Use the kitchen knife to remove a thick layer below the final row of petals to expose the petal crown.

Découpez une couche profonde sous la dernière rangée, pour que la fleur se détache bien du fond.

Al di sotto della fila inferiore di petali eliminare un profondo strato di polpa per mettere ben in rilievo la corolla del fiore ottenuta.

9

Den Stiel entfernen. Mit dem Küchenmesser den Rand um den Stielansatz zickzacken.

Remove the stalk. Use the kitchen knife to cut a zigzag pattern along the edge of the stalk joint.

Enlevez le reste de tige. Taillez le bord autour de ce point en zig-zag à l'aide du couteau de cuisine.

Staccare il gambo e con il coltello da cucina praticare una dentellatura attorno al suo bordo.

Mr. Carving

Die Blume kann auch über die ganze Frucht geschnitzt werden, dabei die Meisselgrössen und den Einstechgrad anpassen. Der untere ungeschnitzte Teil kann nach Belieben auch entfernt werden.

The flower can also be carved over the entire surface of the fruit. To do this the chisel size and the angle at which the chisel is pressed into the fruit must be adjusted. Alternatively, the bottom part, which has not been carved, can be removed if required.

On peut également sculpter la fleur sur toute la surface du fruit, en utilisant des burins et des angles d'insertion adaptés au travail. Si vous le désirez, vous pouvez aussi enlever la partie non sculptée en bas du fruit.

Usando scalpelli delle dimensioni più adatte e variando l'angolo di inserimento dello strumento nella polpa è possibile intagliare un fiore anche sull'intero frutto. Se desiderato si può comunque eliminare del tutto la parte non intagliata.

1

Werkzeug: Küchenmesser, Thaimesser, V-Meissel Nr. 1, Markierungs-Meissel

Tools: kitchen knife, Thai knife, V-shaped chisel number 1, marking chisel

Outils: couteau de cuisine, couteau thaï, burin n° 1 en forme de V, burin à marquer

Utensili: coltello da cucina, coltello thai, scalpello a V no. 1, scalpello di demarcazione

1

2

Eine schöne Seite der Frucht aussuchen. In der unteren Hälfte (Stielseite) mit dem Markierungsmeissel eine Blume mit runder Mitte und einzelnen, v-förmigen Blättern ritzen und mit dem Messer nachschneiden!

Pick a good side of the fruit. Use the marking chisel to outline a flower with a round centre and individual V-shaped petals in the bottom half (stalk end). Then cut along this outline with the knife.

Choisissez une belle partie du fruit. Dans la partie inférieure (côté tige), dessinez au burin à marquer une fleur avec un coeur rond et des pétales en forme de V. Faites la découpe au couteau.

Scegliere la parte più bella del frutto. Sulla metà dell'attaccatura del gambo incidere con lo scalpello di demarcazione un fiore dal centro tondo e dai petali a V e approfondire i tagli con il coltello.

2

3

Die vorgezeichneten Blumenformen mit dem Küchenmesser in Schalentiefe nachziehen und freistellen. Eine zweite Blume am anderen Fruchtende schnitzen. Die Schale zwischen den zwei Blüten abschälen.

Use the kitchen knife to cut out and expose the previously drawn flower shape skin deep. Carve a second flower at the other end of the fruit. Peel off the rind between the two flowers.

Faites au couteau de cuisine une découpe à la profondeur de l'écorce le long des contours esquissés et dégagez la fleur. Taillez une deuxième fleur à l'autre bout du fruit. Pelez l'écorce entre les deux fleurs.

Con coltello da cucina allontanare solo la buccia attorno al fiore disegnato. Incidere un secondo fiore all'altra estremità del frutto ed eliminare la buccia tra i due.

3

4

In den Schalenblumen in der Mitte einen breiten Ring ausschneiden. Die Ränder wie einen Trichter schräg schnitzen.

Carve out a wide circular groove round the centre of the carved flowers. Carve the sides of the groove at an angle to resemble the sides of a funnel.

Découpez un large anneau au centre des fleurs d'écorce. Taillez les bords en biais, comme un entonnoir.

Intagliare al centro dei due fiori un anello spesso di polpa, incidendone i bordi diagonalmente, a forma di imbuto.

5

Am Blütenstempel mit dem V-Meissel einen äusseren und einen inneren Ring einkerben.

Use the V-shaped chisel to carve an inner and an outer ring in the pistil.

Au cœur de la fleur, incisez au burin en forme de V un cercle intérieur et un cercle extérieur.

Con lo scalpello a V incidere nel centro del fiore un anello interno e uno esterno.

6

Mit dem Meissel am inneren Blattrand entlang kleine Kerben schnitzen.

Use the chisel to carve small notches along the inner leaf edges.

Pratiquez des petites entailles au burin le long du bord à la base des pétales.

Praticare un lieve solco lungo il bordo dei petali con lo scalpello.

7

Mit dem Meissel zwischen diesen Dreiecken sternförmig einkerben, Mitte lang, links und rechts kurz. Diese Sternkerben frei schälen.

Use the chisel to carve a star design between these triangles. Carve a long groove in the middle and a short groove on the right and left. Remove the rind from the grooves of the star.

Au burin, dessinez et creusez des faisceaux dans les pétales, entre les petites entailles triangulaires: dans chaque pétale un faisceau long au milieu, flanqué de part et d'autre d'un faisceau court, le tout en étoile autour du centre de la fleur.

Con lo scalpello incidere sui petali delle punte di stelle, una centrale lunga e due laterali più brevi, e sbucciarle.

8

Mit dem hinteren Teil des Thaimessers zwei weitere Blumen hälftig an die bestehenden Formen ins Fruchtfleisch einritzen.

Use the back of the Thai knife to draw two more half flowers adjoining the existing shapes into the flesh.

Avec l'arrière du couteau thaï, incisez les contours de deux autres demi-fleurs dans la pulpe, partant des fleurs déjà réalisées.

Con l'altra estremità del coltello thai delineare altri due fiori nella polpa a metà distanza tra i due fiori di buccia.

9

Mit dem Küchenmesser auch diese Formen nachschneiden und das Fruchtfleisch rundherum so tief auslösen, dass die Umrisse klar sichtbar sind und die Blumen freistehen. Es entstehen Fruchtfleisch- und Schalenblumen.

Use the kitchen knife to cut along these outlines as well and remove a thick layer of the flesh surrounding the flower. This will define the outline more clearly and expose the flowers. There are now «rind flowers» as well as «flesh flowers».

Terminez également la découpe de ces formes au couteau de cuisine et retirez la pulpe tout autour à une profondeur suffisante pour que les contours soient bien visibles et que les fleurs se détachent du fond. Vous obtenez ainsi des fleurs d'écorce et des fleurs de pulpe.

Con il coltello da cucina incidere queste forme ed eliminare la polpa attorno in modo da mettere in rilievo i bordi e liberare così i due nuovi fiori. Si ottengono così due fiori di buccia e due di polpa.

Mr. Carving

Blumen in verschiedenen Varianten sind beliebte Schnitzsujets, die sowohl als Einzelobjekte wie auch auf grösseren Schaustücken gleichermassen zur Geltung kommen. Es lohnt sich, diese Techniken gründlich zu lernen und zu üben. In unseren Kursen haben Sie dazu unter fachmännischer Führung ausgiebig Gelegenheit.

A variety of flower designs are popular carving themes. They look good on their own or as part of elaborate show-pieces. Learning and practising these techniques is well worth the effort. Our courses offer you the opportunity to do just this, very thoroughly, under the guidance of an expert.

Les variations diverses de fleurs sont des motifs de sculpture très appréciés, qui ont autant de charme sous forme d'objet isolé qu'en tant qu'élément de décoration de grandes pièces sculptées. Cela vaut la peine d'apprendre ces techniques et de bien s'y entraîner. Dans nos cours, vous avez amplement l'occasion de le faire – avec l'assistance d'un professionnel.

I fiori in tutte le loro varianti sono temi molto sfruttati nell'arte dell'intaglio, sia come soggetti individuali, sia per decorare modelli da esposizione di dimensioni maggiori. Vale dunque la pena apprendere a fondo queste tecniche ed esercitarle il più possibile. Un'opportunità che i nostri corsi vi offrono in abbondanza sotto l'esperta guida di uno specialista!

10

Ein Blatt ins Fruchtfleisch schnitzen. Blatt und Blumen nochmals sauber ausschneiden, um die Tiefen- und Farbeffekte zu erhöhen.

Carve a leaf shape into the flesh. Cut along the leaf and flowers again to maximise the depth and colour effects.

Taillez une feuille dans la pulpe. Finissez soigneusement la découpe de la feuille et des fleurs, afin d'augmenter les effets de relief et de couleurs.

Incidere nella polpa una foglia. Ripassare nuovamente fiori e foglia per perfezionare i bordi e ottimizzare gli effetti di colore e i contrasti.

11

Das Fruchtfleisch zwischen Blumen und Blatt ablösen, sodass eine Schale entsteht.

Remove the flesh between the flowers and the leaf to create a bowl.

Enlevez la pulpe entre les fleurs et la feuille, de façon à obtenir une coupe.

Eliminare la polpa tra foglia e fiori in modo da ottenere una coppa.

Arbeiten mit drei Ebenen und verschiedenen Farbeffekten – hier zeigt sich der wahre Schnitzkünstler.

This example involves working at three levels and with a variety of colour effects – an opportunity for true masters to show off their skill.

Travailler sur trois plans en exploitant les effets de couleur: c'est là qu'on reconnaît le véritable artiste sculpteur.

Una creazione sviluppata su tre piani e con diversi effetti di colore – è così che si rivela il vero artista dell'intaglio!

Kirschen

Kirschen sind wie Küsse, sagen die Italiener, und können nie genug davon bekommen.
Der Kirschbaum gibt sich sehr grosszügig: Erst verzaubert er mit einem Übermass an prachtvollen Blüten, um anschliessend Zweige voller praller, runder Früchte zu zeigen. Ob Süss- oder Sauerkirsche, die Auswahl an Geschmacksrichtungen ist ähnlich gross wie bei Weintrauben. Das Steinobst präsentiert sich vielseitig, ob in Form von wundervollen Desserts, die ganzen Beeren als schöne Dekoration oder der Saft als hochgeschätztes gebranntes Wasser.
Die Steine dienen nicht nur zum Spuckwettbewerb, sondern in getrockneter Form auch als beliebtes Heilkissen. Und in Schokolade getünkte Kirschküsse sind unwiderstehlich.

Cherries

The Italians, who cannot get enough of this fruit, claim that cherries are like kisses. The cherry tree is very generous. First it spoils us with an abundance of magnificent blossom and later it shows off branches laden with firm round fruits. Cherries can be sweet or sour and the choice of flavours is as wide as that of grapes. This stone fruit is versatile and can be used for wonderful desserts, as a decoration using the fruit as a whole or in liquid form as the much appreciated kirsch. Cherry stones are not only ideal for fruit stone spitting competitions. Dried stones are also popular as a filling for therapeutic pillows. And cherry kisses dipped into chocolate are irresistible.

Cerises

Les cerises sont comme des baisers, disent les Italiens, qui en raffolent. Le cerisier est d'une grande générosité: d'abord, il nous enchante par sa floraison superbe, puis il nous présente ses branches chargées de beaux fruits ronds. Des cerises noires aux griottes, le choix des parfums est d'une diversité similaire à celle des raisins. Les cerises se prêtent à des fins de toute sorte, sous forme de desserts divins ou, en entier, comme décoration appétissante – ou encore sous forme de jus vitaminé ou d'eau-de-vie fort goûtée de par le monde. Les noyaux, outre leur utilisation dans des concours à qui pourra les cracher le plus loin, servent, séchés, à la fabrication de coussins thérapeutiques très appréciés. Et les cerises enrobées de chocolat sont une gourmandise irrésistible.

Ciliegie

Si suol dire che le ciliegie sono come i baci: una tira l'altra.
Il ciliegio non si risparmia di certo: prima lascia di stucco con miriadi di fiori candidi e poi delizia il palato con i suoi rami carichi di succulente bacche tonde. Per la varietà di sapori, ciliegie dolci e amarene sono pari all'uva. Le ciliegie trovano molteplici usi in cucina, a partire dalle decorazioni per dessert speciali fino all'apprezzato liquore a base di ciliegia (kirsch). I noccioli non servono solo, nei paesi del nord, per effettuare simpatici concorsi di «Lancio del nocciolo» (sputandoli con la bocca!), ma anche per riempire, una volta secchi, i ricercati cuscini medicinali. Se immerse nel cioccolato liquido, poi, le ciliegie diventano davvero irresistibili...

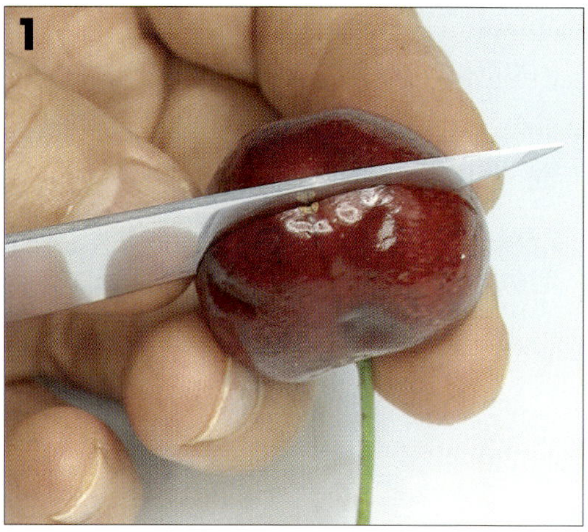

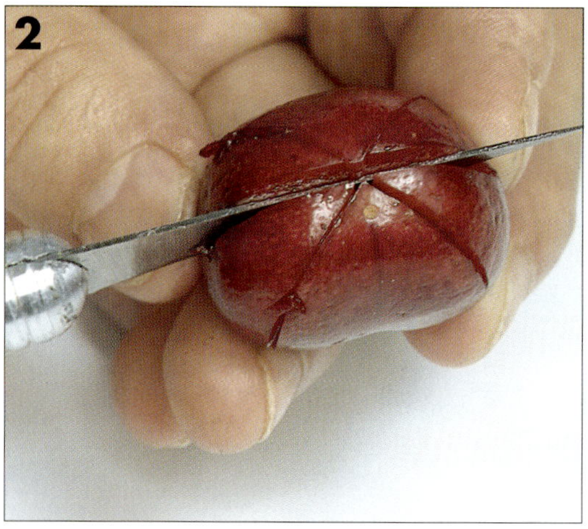

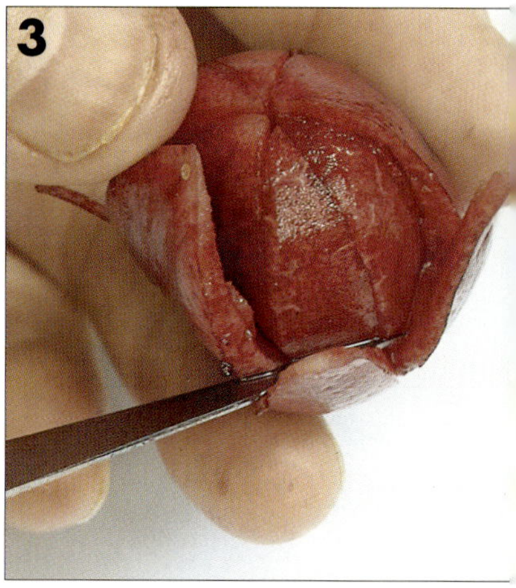

1

- Werkzeug: Thaimesser
- Tool: Thai knife
- Outil: couteau thaï
- Utensili: coltello thai

2

- Je nach Grösse der Frucht die Kirschen 3- bis 4-mal der Länge nach übers Kreuz einschneiden.
- Depending on the size of the fruit cut into the cherry 3 to 4 times lengthways across the top.
- Suivant la taille des fruits, coupez-les 3 à 4 fois en croix tout du long.
- A seconda della grandezza del frutto, incidere a croce ogni ciliegia verticalmente 3 o 4 volte.

3

- Die Haut der Spitzen nicht bis ganz nach unten lösen, sodass Blätter entstehen.
- To create petals, peel off the skin from the tips downwards, but not all the way down.
- Détachez la peau des pointes en partie seulement, afin de former des pétales.
- Staccare la buccia dalla cima fino a circa metà del frutto per creare dei petali.

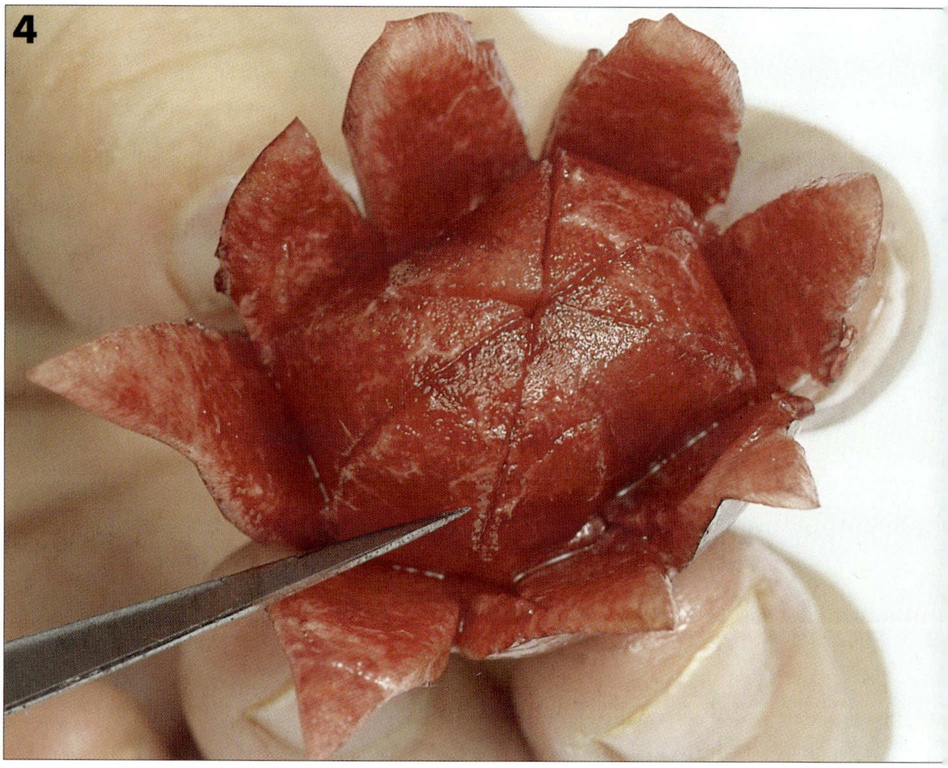

4

- Die Blätter sorgfältig nach aussen biegen.
- Gently bend the petals outwards.
- Courbez soigneusement les pétales vers l'extérieur.
- Piegare delicatamente i petali verso l'esterno.

Mr. Carving

- *Kirschen sind zum Schnitzen eigentlich zu klein. Als Dekoration werden sie am besten als ganze Frucht oder einfach geschnitten verwendet.*
- *Cherries are really too small to carve decoratively. If they are used as decorations it is best to use the fruit as a whole or cut simply.*
- *En fait, les cerises sont trop petites pour être sculptées. Pour les décorations, le mieux est de prendre les cerises en entier ou simplement découpées.*
- *In realtà le ciliegie sono frutti troppo piccoli per l'intaglio. La cosa migliore è utilizzarle intere o a fettine per le vostre decorazioni.*

Steinobst

Im Sommer haben sie Hochsaison, die Aprikosen, Pfirsiche, Pflaumen und Zwetschgen. In dieser Zeit der Fülle können Schnitzkünstler und solche, die es werden wollen, aus dem Vollen schöpfen. Die Früchte sind günstig und dank ihrer Grösse auch ideale Übungsobjekte. Probieren Sie es aus: wunderschöne Dekorationen, in weniger als einer Minute gemacht, für Anfänger und Eilige. Kompositionen mit verschiedenem Obst und geschnitzte Pfirsich-Rosen für werdende und wahre Künstler. Eines beweisen Sie immer: die Liebe zum Produkt und die Wertschätzung Ihren Gästen gegenüber.

Stone-fruit

Summer is when apricots, peaches, plums and damsons are in full season and this is when masters of the art of carving and those wishing to become so, can take advantage of the stone-fruit abundance. These fruits are inexpensive and their size makes them ideal for practising. Give it a try – some of the very beautiful decorations are suitable for beginners or people with very little time and take less than a minute to make. For the true or budding artist there are compositions made from a variety of fruits as well as carved peach roses. Whatever you chose, one thing is certain, these decorations express your love for the produce and your guests.

Les fruits à noyau

L'été est la saison des abricots, des pêches, des prunes et des quetsches. Dans cette période d'abondance, les artistes sculpteurs et ceux qui veulent le devenir ont l'occasion de puiser dans une riche variété de fruits avantageux. Par leur taille, ces fruits sont parfaits pour s'exercer – essayez: des décorations ravissantes, réalisées en moins d'une minute, récompenseront les débutants et les gens pressés, tandis que les compositions réalisées à partir de plusieurs sortes de fruits et les roses sculptées dans des pêches sont le domaine des artistes accomplis et de ceux qui aspirent à le devenir. Quoi qu'il en soit: toutes ces décorations sont une preuve tangible de respect et de considération – autant pour le produit que pour vos hôtes.

Frutta estiva

L'estate è la stagione di albicocche, pesche, prugne e susine. Un periodo particolarmente generoso per gli artisti dell'intaglio (o per coloro che intendono diventarlo), che possono attingervi a piene mani. Questi tipi di frutta non sono costosi e la loro dimensione li rende ideali per esercitarsi nell'arte dell'intaglio. Provate anche voi a realizzare splendide quanto veloci decorazioni, adatte ai principianti o a chi ha fretta. Se invece siete artisti già consumati o in via di diventarlo, dedicatevi allora a composizioni più complesse con diversi tipi di frutta e rose fatte di pesche. In entrambi i casi si tratterà sempre di una testimonianza del vostro amore per la frutta e della stima per i vostri ospiti.

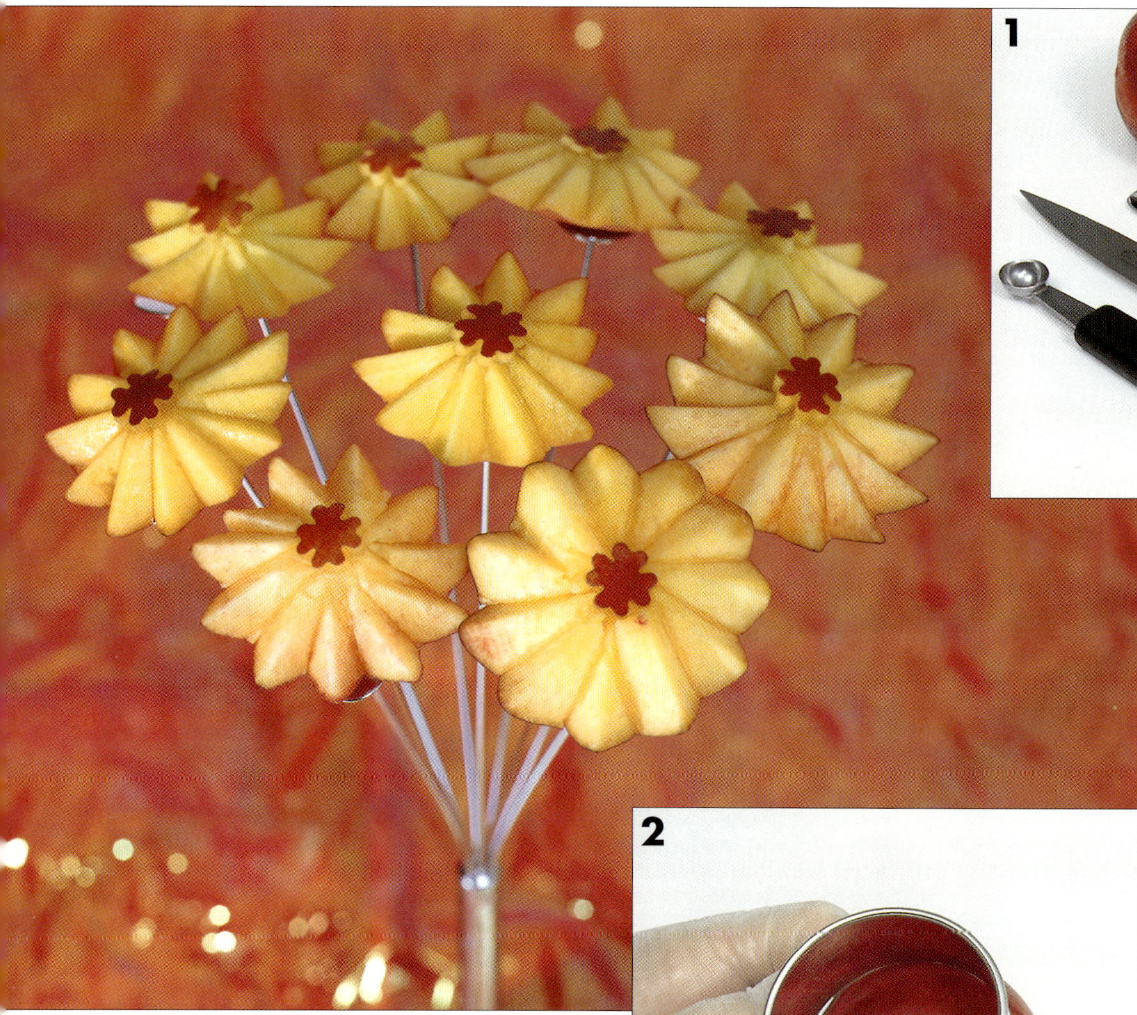

1

Werkzeug: V-Meissel mittlere Grösse, grosser runder Ausstecher, Küchenmesser, Parisienne-Löffel, kleiner runder, gezackter Ausstecher.

Tools: medium size V-shaped chisel, large round cutter, kitchen knife, baller, small round fluted cutter.

Outils: burin en forme de V de taille moyenne, grand découpoir rond, couteau de cuisine, cuiller parisienne, petit découpoir rond cannelé.

Utensili: scalpello a V di medie dimensioni, stampino rotondo grande, scavino, stampino rotondo piccolo scanalato.

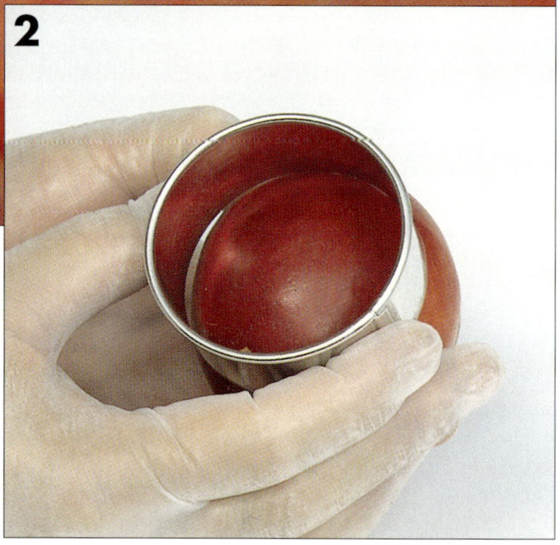

2

Auf einer Seite der Frucht mit dem grossen runden Ausstecher einen Kreis vorzeichnen.

Use the large round cutter to outline a circle on one side of the fruit.

A l'aide du grand découpoir rond, marquez un cercle d'un côté du fruit.

Delineare con lo stampino rotondo grande un cerchio su parte del frutto.

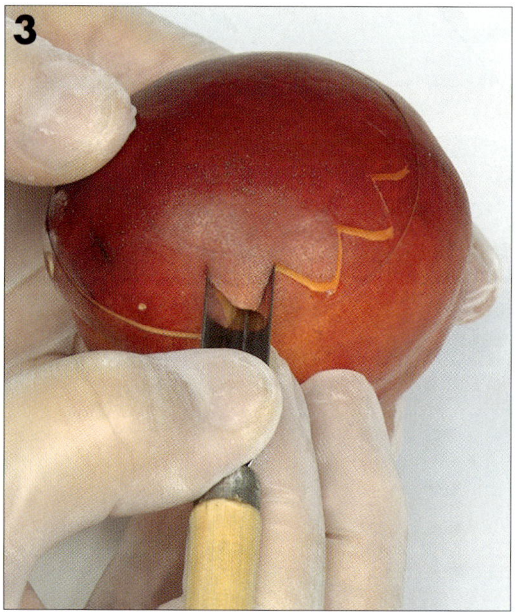

3

Mit dem Meissel dem Kreis entlang einstechen (halbe Kreistiefe). Halten Sie die Klinge in der gewünschten Einstech-Tiefe, für eine gleichmässige Arbeit.

Press the chisel into the fruit along the line of the circle (cut to the middle of the circle). To ensure the cut is equally deep all the way round, hold the blade at the required distance.

Entaillez profondément au burin tout le long du cercle (dans une profondeur correspondant au rayon du cercle). Pour un travail régulier, tenez la lame du burin de façon à ne laisser dépasser que la longueur dont vous avez besoin.

Con lo scalpello a V incidere seguendo la linea creata in precedenza. Per ottenere un risultato omogeneo, inserite la lama dello scalpello nella profondità desiderata, mantenendola costante.

4

Nötigenfalls nachstechen, den Deckel vorsichtig abheben.

Press the chisel in again if necessary before lifting off the top of the fruit carefully.

Approfondissez la découpe par endroits si nécessaire. Retirez le couvercle avec précaution.

Sollevare il coperchio (eventualmente ripassare sulle incisioni).

5

Voilà – die erste Blume! Hier fehlt nur noch der ausgestochene Blütenstempel.

Voilà – the first flower is complete! All you need to do now is cut out the pistil.

Voilà – la première fleur est là! Il ne manque plus que le pistil découpé.

Et voilà! Il primo fiore è fatto! Manca solo il centro, ricavato dalla buccia.

Mr. Carving

Diese Dekoration ist sehr effektvoll, obwohl es die einfachste und schnellste Schnitztechnik ist. Sie nimmt pro Blume gerade mal eine Minute in Anspruch. Dank dem vorgezeichneten Kreis erreichen auch Anfänger ein perfektes Ergebnis. Alle Meisselarten können eingesetzt werden und ergeben verschiedene Blumenarten.

Although this is the simplest and quickest carving technique, this decoration is very effective. Each flower takes just about one minute to make. Because the circle is drawn in advance, even beginners are able to achieve a perfect result. As all the different types of chisels can be used many different kinds of flowers can be carved.

Cette décoration fait beaucoup d'effet, bien qu'il s'agisse de la plus simple et de la plus rapide de toutes les techniques de sculpture. En effet, il faut à peine une minute pour finir une fleur. Grâce au cercle marqué à l'aide du découpoir, même les débutants sont sûrs d'obtenir un résultat parfait. On peut utiliser toutes sortes de burins: cela donnera chaque fois une fleur différente.

Questa decorazione riscuote sempre molta ammirazione anche se è realizzata con la tecnica più semplice e veloce: ogni fiore richiede un solo minuto di lavoro. Il perfetto risultato è garantito dal cerchio praticato all'inizio. Per ottenere fiori diversi, è possibile usare anche altri tipi di scalpelli.

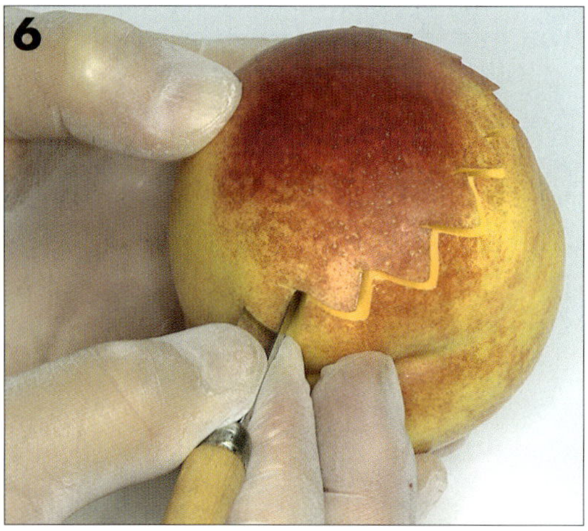

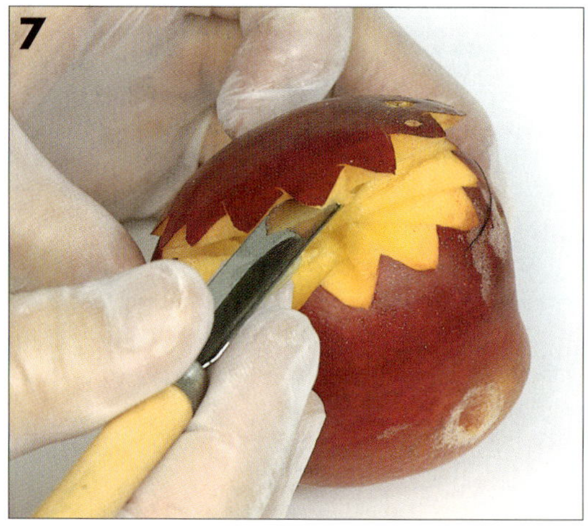

7

Wiederum den Deckel abheben. Voilà – Blume Nr. 2.

And now, once again, lift off the lid – voilà – flower number 2 is complete!

Retirez le nouveau couvercle ainsi obtenu. Voilà – la fleur n° 2 est prête.

Togliere nuovamente la calotta – ecco il fiore numero 2!

6

Auf der anderen Seite, «unterhalb» der ersten Blume, ebenfalls mit dem Meissel im Kreis einstechen. Das braucht etwas mehr Übung, denn jetzt wird auf das Vorzeichnen mit dem Ausstecher verzichtet.

Start to work on the other side of the fruit and press the chisel into the fruit in a circle «below» the previously carved flower so to speak. This flower requires a little more carving experience as this time no circle is drawn in advance with the cutter.

De l'autre côté du fruit, «en dessous» de la première fleur, découpez également en cercle, en introduisant profondément le burin. Il vous faudra un peu plus de pratique cette fois-ci, puisque vous n'aurez pas marqué de cercle au découpoir.

Dalla parte opposta, «al di sotto» del primo fiore, incidere in cerchio con lo scalpello come in precedenza. E' un'operazione che richiede un po' più d'esercizio, poiché non si avvale della demarcazione ottenuta dallo stampino rotondo.

8

Unter der ersten Blütenreihe, am Blütenspitz, mit dem V-Meissel einstechen.

Press the V-shaped chisel into the fruit below the first row of petals, at the point of the petal.

Sous la première rangée de pétales, insérez le burin en forme de V sous la pointe des pétales.

Praticare una serie di incisioni con lo scalpello a V sotto la prima fila di petali, al culmine degli stessi.

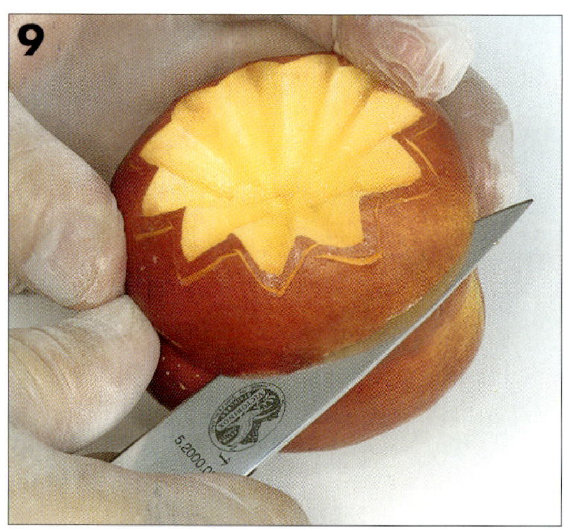

9

Mit dem Küchenmesser diese Blütenschicht grosszügig wegschneiden.

Use the kitchen knife to cut off this petal layer generously.

Au couteau de cuisine, coupez une tranche épaisse pour détacher la partie qui porte la fleur.

Tagliare generosamente questo strato con il coltello da cucina.

10

Die Blume aus dem Fruchtfleisch herausschneiden.

Cut out the flower from the flesh.

Coupez pour séparer la fleur du reste de la pulpe.

Tagliare il fiore eliminando il resto di polpa.

11

Mit dem Parisienne-Löffel oder dem kleinen gezackten Ausstecher kleine Kugeln aus Pflaumenfleisch ausstechen und in die Mitte der Blumen setzen. Sie bilden den Blütenstempel.

Use the baller or the small fluted cutter to cut small balls out of plum flesh and place these in the centre of the flower. This is the pistil of the flower.

A la cuiller parisienne ou à l'aide du petit découpoir rond cannelé, découpez des petites boules dans de la prune, pour les placer au centre de vos fleurs, dont elles formeront le cœur.

Con lo scavino o il piccolo stampino scanalato ricavare delle palline dalla polpa di una prugna e sistemarle al centro dei fiori.

11

Nektarinen
Nectarines
Les nectarines et les brugnons
Le peschenoci

Nektarinen sind eine Mutation der Pfirsiche und haben eine glatte Haut.

Nectarines are a peach mutation and have a smooth skin.

Les nectarines sont des hybrides de pêche à peau lisse et à noyau libre, tandis que les brugnons possèdent un noyau adhérent.

Sono una variante della pesca e hanno la buccia liscia e brillante.

1

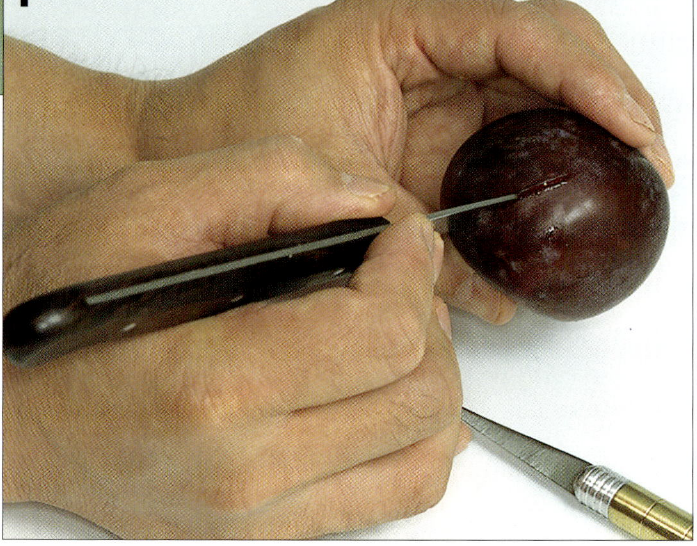

1

Werkzeug: Thaimesser, Küchenmesser
Mit dem Küchenmesser die Frucht etwas oberhalb der Mitte (wegen des Steins) zickzack rundum einschneiden.

Tools: Thai knife, kitchen knife
Use the kitchen knife to cut a zigzag pattern into the fruit just above the middle (because of the stone) all the way round.

Outils: couteau thaï, couteau de cuisine
Entaillez le fruit en zigzag un peu au-dessus du milieu (à cause du noyau) sur tout le tour au couteau de cuisine.

Utensili: coltello thai, coltello da cucina
Incidere a zig-zag il frutto tutto attorno con il coltello da cucina, mantenendosi leggermente al di sopra della metà (per via del nocciolo).

2

Bis auf den Stein hineinschneiden.

Cut into the fruit all the way to the stone.

Approfondissez l'entaille jusqu'au noyau.

Incidere fino al nocciolo.

3

Die zwei Fruchthälften sorgfältig trennen.

Separate the two halves of the fruit carefully.

Séparez soigneusement les deux moitiés du fruit.

Separare delicatamente le due metà di frutto.

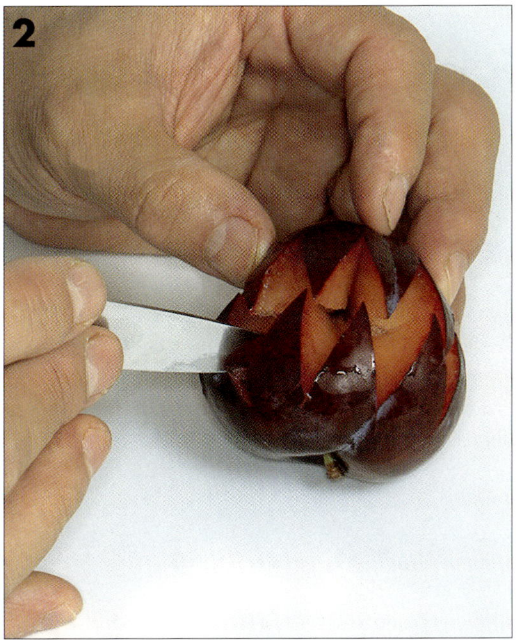

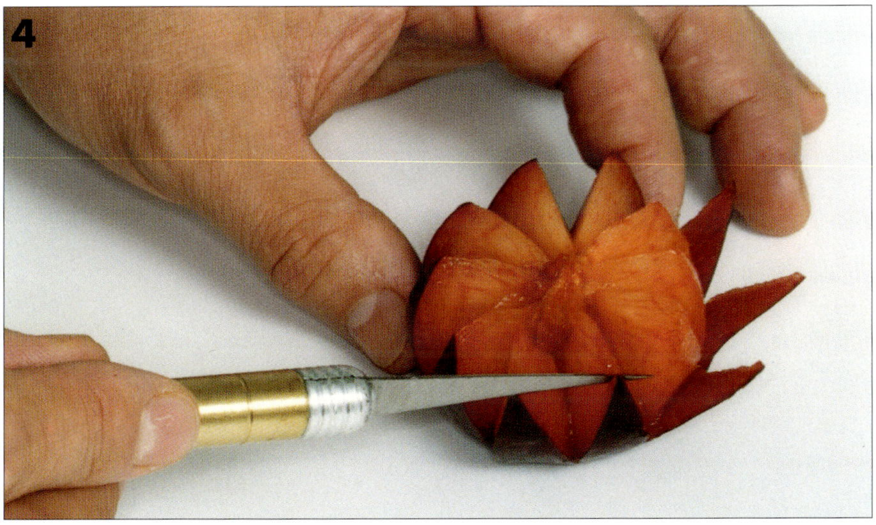

4

Die Haut an den Spitzen mit dem Thaimesser nicht zu dünn ablösen, damit stabile Blätter entstehen. Nicht ganz durchschneiden!

Use the Thai knife to detach the skin from the points. The detached layer of skin should be thick enough to create sturdy petals. Do not cut off completely!

Détachez au couteau thaï la peau des pointes en couche pas trop fine, afin d'obtenir des pétales suffisamment stables. Ne coupez pas de part en part!

Allontanare delicatamente la buccia dalle punte con il coltello thai, ma non in strato troppo sottile, per ottenere petali resistenti. Non separarli alla base.

5

Am Fruchtfleisch der Spitzen oben ganz wenig wegschneiden, damit das nächste Blatt nicht zu dick wird. Und dann wieder ein grosses Blatt bis ganz nach unten schneiden. Diese Schritte wiederholen, je nach Grösse der Frucht.

Cut off a very small amount of flesh at the top of the points to ensure that the next leaf is not too thick. Then cut another large leaf all the way down. Repeat these steps depending on the size of the fruit.

Otez un tout petit peu de pulpe en haut aux pointes, pour que le prochain pétale ne devienne pas trop épais, puis taillez de nouveau un grand pétale jusqu'en bas. Répétez ces gestes en fonction de la taille du fruit.

Eliminare poca polpa sulla punta dei petali affinché il secondo petalo non sia troppo spesso. Intagliare in seguito un petalo grande fino alla base. Ripetere queste operazioni a seconda della dimensione del frutto.

Mr. Carving

Auch hier gilt: Nicht ganz reife, härtere Exemplare lassen sich besser schnitzen als zu weiche.

As usual, it is best to carve fruits which are not completely ripe and still a little hard rather than chosing very soft ones.

Dans ce cas aussi, la règle générale s'applique: les fruits bien fermes, qui ne sont pas tout à fait mûrs, se prêtent mieux à la sculpture que les fruits tendres.

La regola è sempre la stessa: gli esemplari un po' più duri e non troppo maturi si intagliano meglio della frutta matura.

6

Auch die zweite Hälfte der Frucht gleich schnitzen wie die erste.

Carve the second half of the fruit in the same way.

Sculptez la deuxième moitié du fruit comme la première.

Intagliare anche la seconda metà del frutto come la prima.

Zwetschgen und Pflaumen
Damsons and plums
Les quetsches et les prunes
Prugne e susine

Nebst bläulich-schwarzen, prallen Pflaumen gibt es auch kleinere, gelb-grüne Früchte wie zum Beispiel die Reineclaude, die schon während der Renaissancezeit in Frankreich sehr beliebt war. Mirabellen gehören ebenso zur Familie wie die Zwetschgen. Es ist übrigens nicht immer möglich, Zwetschgen und Pflaumen klar zu unterscheiden. Fest steht, dass sich Zwetschgen zum Kochen besser eignen als Pflaumen, die leicht zerfallen und sauer werden.

Apart from the bluey-black, firm plums, there are also smaller yellowy-green varieties, such as the Reineclaude, which was already very popular at the time of the French Renaissance. Mirabelles are just as much part of this fruit family as are damsons. In any case, it can be impossible to tell plums and damsons apart. It's certain, however, that damsons are better for cooking than plums. The latter fall apart easily and turn sour.

A part les prunes rebondies d'un noir bleuté, on connaît les fruits jaunes ou verts comme les reines-claudes, très appréciées en France dès l'époque de la Renaissance. Les mirabelles et les quetsches, elles aussi, font partie de la famille. Il n'est d'ailleurs pas toujours évident de faire la distinction entre les quetsches et les prunes. Ce qui est sûr, c'est que les quetsches sont mieux appropriées à la cuisson que les prunes, qui tendent à se désintégrer et à devenir acides.

Oltre alle note prugne blu-viola dalla polpa soda esistono frutti giallo-verdi più piccoli, come per esempio la susina Reine Claude, già ampiamente apprezzata in Francia nel corso del Rinascimento. Le mirabelle sono anch'esse tipiche susine. Del resto non è sempre chiara la distinzione tra prugne e susine: l'unica cosa certa è che le prugne sono più adatte delle susine per la cottura, poiché le seconde si spappolano facilmente e diventano troppo acide.

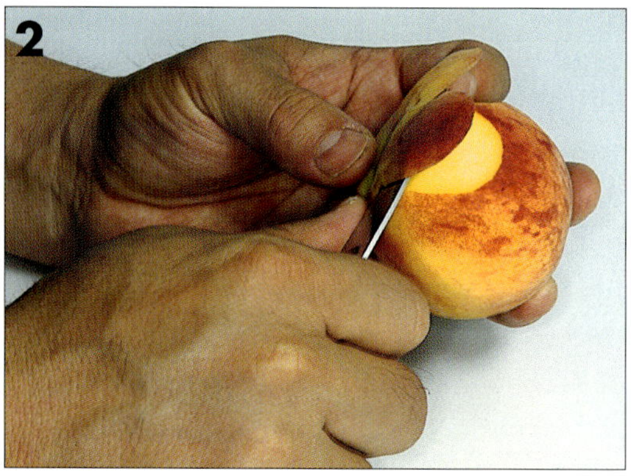

1

Werkzeug: Küchenmesser, Thaimesser
Mit dem Küchenmesser am unteren Rand (Stielseite) von oben nach unten 5 dünne Blattformen, rund um die Frucht verteilt und aneinander angrenzend, vorzeichnen.

Tools: kitchen knife, Thai knife
Use the kitchen knife to outline 5 narrow petal shapes along the lower edge (stalk end) from the top downwards. The shapes should be distributed all the way round the fruit and their sides should touch each other.

Outils: couteau de cuisine, couteau thaï
Esquissez au couteau de cuisine, de haut en bas sur le bord inférieur (côté tige), 5 fins pétales sur le tour du fruit, qui se rejoignent à la base.

Utensili: coltello da cucina, coltello thai
Delineare con il coltello da cucina 5 sottili petali nella parte inferiore del frutto (accanto al picciolo), procedendo dall'alto verso il basso e distribuendoli attorno al frutto uno vicino all'altro.

2

Die Blattformen schnitzen, nicht ganz nachschneiden, sodass die Blätter einen Kranz bilden.

Carve out the petal shapes. Do not detach them completely so that the petals form a crown.

Taillez les pétales, sans les détacher complètement, de façon à ce qu'ils forment une corolle.

Incidere i petali senza staccarli dal frutto, in modo che formino una corona.

3

Den Pfirsich umdrehen, Stielseite nach oben. Mit dem Thaimesser Schale und Fruchtfleisch unter dem Blätterkranz wegschneiden, damit die Blätter freistehen. Dabei auf eine ebenmässig runde Form der Frucht achten.

Turn the peach round so that the stalk end faces upwards. Use the Thai knife to remove the skin and flesh underneath the petal crown to expose it. Take care to cut the fruit in an even, round shape.

Retournez la pêche, côté tige vers le haut. Au couteau thaï, coupez puis retirez la peau et la pulpe sous la couronne de pétales, de façon à ce que les pétales se détachent bien. Veillez à obtenir une forme bien ronde et régulière du fruit.

Girare la pesca con il picciolo verso l'alto. Eliminare con il coltello thai la polpa e la buccia al di sotto dei petali in modo che restino in rilievo. Badare a mantenere la forma rotonda del frutto.

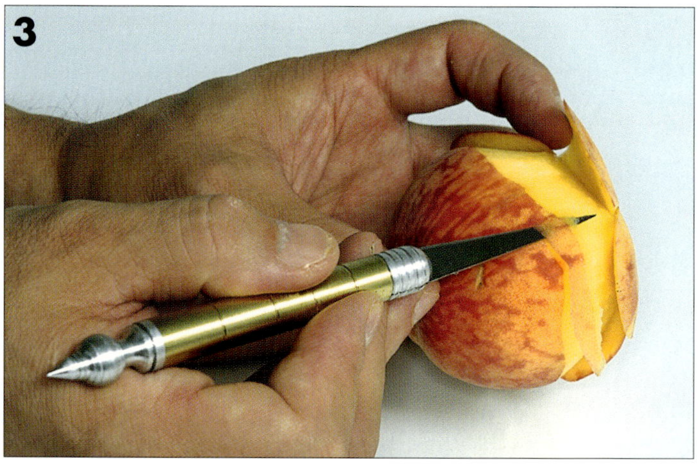

4

Versetzt zum Blütenkranz mit dem Thaimesser einzelne Blattformen abschneiden. Parallel dazu Blätter einschneiden. Darauf achten, dass die eingeschnittenen Blätter oben dünner sind als unten. Einen Ring bis in die Mitte des letzten Blätterkreises wegschneiden. Allenfalls nachschnitzen, bis ein perfekter Kreis entsteht.

Use the Thai knife to cut out individual petal shapes staggered to the petal crown. Carve the petals parallel to this. Make sure that these petals are thinner at the top than at the bottom. Cut off a ring up to the middle of the final circle of petals. Carve again, if necessary until a perfect circle emerges.

Coupez au couteau thaï des formes de pétales décalées par rapport à la première couronne de pétales. Taillez les nouveaux pétales en parallèle. Veillez à ce que les pétales taillés soient plus fins en haut qu'à la base. Découpez et retirez une couche de pulpe en anneau jusqu'au milieu du dernier cercle de pétales. Corrigez la découpe s'il le faut, jusqu'à obtenir un cercle parfait.

Incidere singoli petali in fila alternata rispetto alla corona ottenuta in precedenza. Incidere altri petali parallelamente a questi. Badare che i petali siano più sottili in alto che in basso. Eliminare un anello di polpa fino alla metà dell'ultimo cerchio di petali. Continuare a rifinire l'intaglio fino ad ottenere un cerchio perfetto.

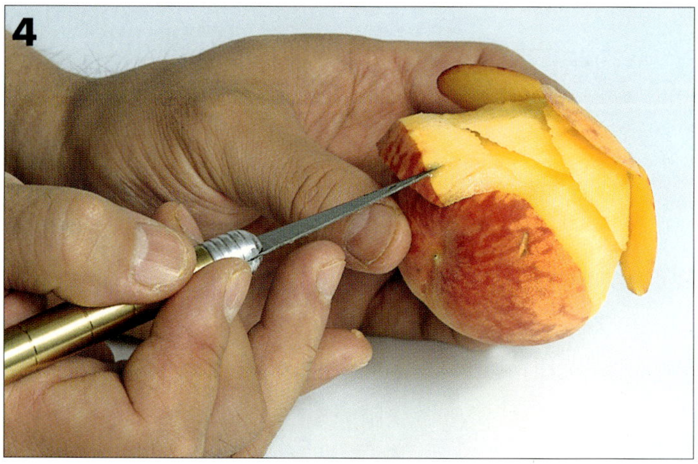

5

Diese Schritte wiederholen. Immer von der Mitte des vorderen Blattes bis zur Mitte des nächsten Blattes das neue Blatt schnitzen. Es ist sehr wichtig, beim Freistellen der Blätter auf die ebenmässig runde Form zu achten!

Repeat these steps. The new petal must always be carved from the middle of the previous petal to the middle of the following one. It is very important to ensure that the shape is even and round when exposing the petals!

Répétez ces gestes. Taillez toujours le nouveau pétale du milieu d'un pétale du cercle précédent au milieu du pétale d'à côté. Il est très important de veiller à une forme bien ronde et régulière lorsque vous détachez les pétales!

Ripetere queste operazioni. Incidere il petalo successivo partendo sempre dal centro di quello precedente fino al centro di quello successivo. E' molto importante, nel liberare i singoli petali, mantenere un andamento uniforme e tondeggiante!

6

Die perfekt geschnitzte Pfirsichrose hat gleichmässige Blätter und eine schöne Knospe.

The leaves of a perfectly carved peach rose are regular and its bud is beautiful.

La rose parfaite, taillée dans une pêche, a des pétales réguliers et un cœur bien soigné.

La rosa fatta di pesca è perfetta e presenta petali omogenei e un bocciolo armonioso.

Mr. Carving

- *Es lohnt sich, das Rosen-Schnitzen gründlich zu üben, ist es doch eine Schnitzart, die häufig zur Anwendung kommt.*
- *Practising how to carve roses is time well spent. After all, this is a design which is frequently carved.*
- *Cela vaut la peine de bien s'exercer à la sculpture de roses: c'est une technique qui sert souvent.*
- *Vale la pena esercitarsi a fondo nell'arte dell'intaglio della rosa poiché è una forma che ricorre di frequente nelle composizioni.*

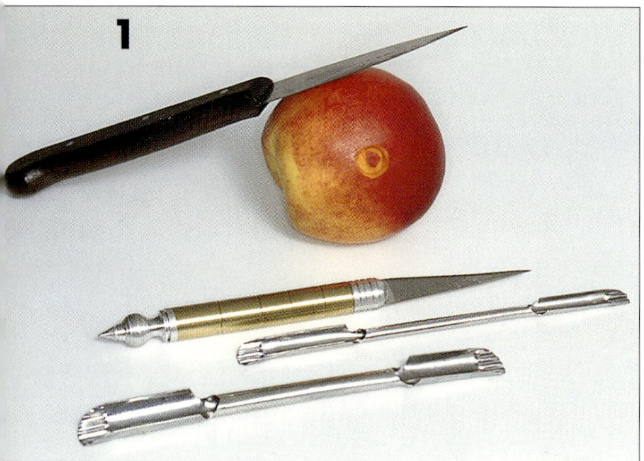

1

Werkzeug: Küchenmesser, Thaimesser, U-Rillenmeissel Nr. 1 + 4
Mit dem Thaimesser auf einer Seite in der Mitte der Frucht eine Rille um einen Kreis ausschneiden. Den Blütenstempel zu einer kleinen Pyramide schnitzen.

Tools: kitchen knife, Thai knife, U-shaped fluted chisels numbers 1 + 4.
Use the Thai knife to carve out a groove around a circle in the middle of one side of the fruit. Carve the pistil into a pyramid shape.

Outils: couteau de cuisine, couteau thaï, burins cannelés en forme de U n° 1 et 4
Au couteau thaï, taillez une rainure circulaire au milieu d'un des côtés du fruit. Dans ce cercle, taillez un pistil en forme de pyramide.

Utensili: coltello da cucina, coltello thai, scalpello a U scanalato no. 1 + no. 4
Su un lato al centro del frutto praticare con il coltello thai un solco circolare. Intagliare nel foro una piccola piramide.

2

Die Pyramidenränder mit dem Thaimesser zickzacken.

Use the Thai knife to zigzag the edges of the pyramid.

Zigzaguez les bords de la pyramide au couteau thaï.

Praticare con il coltello thai una dentellatura sui bordi della piccola piramide.

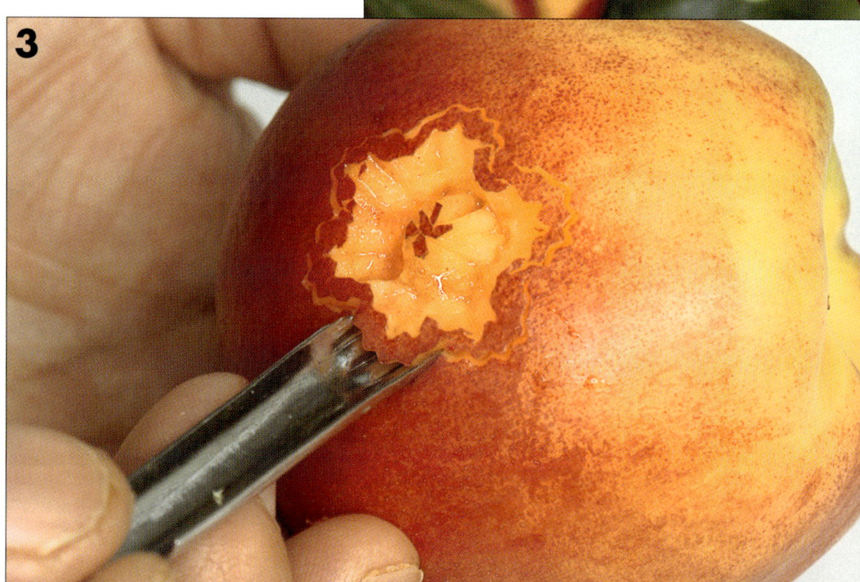

3

Mit dem kleinen U-Rillenmeissel rund um den Blütenstempel leicht von oben einstechen und Blätter auslösen. Das zweite Blatt parallel darunter einstechen.

From the top, gently press the small U-shaped fluted chisel into the fruit around the pistil and detach petals. Cut into the fruit below the first petal to create a second, parallel one.

A l'aide du petit burin cannelé en forme de U, enlevez des pétales autour du pistil en enfonçant le burin un peu en biais par rapport à l'horizontale. Insérez le burin parallèlement en dessous pour le deuxième pétale.

Con lo scalpello a U scanalato più piccolo praticare leggere incisioni dall'alto, tutto attorno al foro e mettere in rilievo dei petali. Il secondo petalo va intagliato al di sotto del primo (parallelamente).

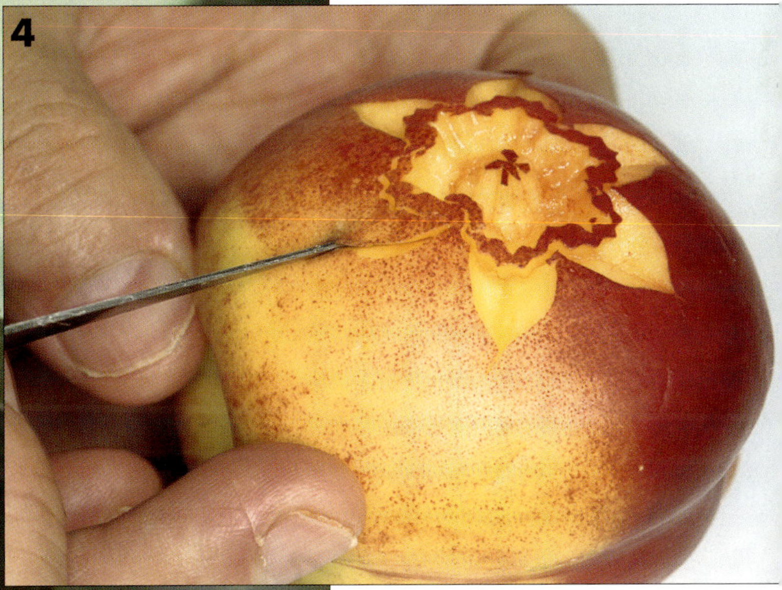

4

Mit dem Thaimesser das Blatt in eine längliche Form mit Spitz zuschneiden und auslösen.

Use the Thai knife to cut the petal into an elongated pointy shape and then carve it out.

A l'aide du couteau thaï, dessinez et creusez des pétales de forme allongée et pointue.

Allungare e appuntire la forma dei petali con l'aiuto del coltello thai.

5

Eine Kerbe um das spitze Blatt schneiden.

Carve out a groove around the point of the petal.

Pratiquez une entaille autour des pétales pointus.

Praticare un solco attorno ai petali appuntiti.

6

Mit Meissel Nr. 3 versetzt wieder Blütenblätter ausstechen.

Now use chisel number 3 to cut out more petals staggered to the previous ones.

Découpez au burin n° 3 une rangée de pétales décalés par rapport à ceux de la rangée précédente.

Con lo scalpello no. 3 ricavare nuovamente una serie di petali, in disposizione alternata.

7

Parallel dazu gerade einstechen.

Press the chisel straight in parallel to this.

Insérez le burin parallèlement, bien droit, en dessous.

Praticare poi delle incisioni diritte al di sotto di questi ultimi.

Mr. Carving

Noch mehr geschnitzte Blumenformen finden Sie im Lehrbuch Wang, Nr. 1, Schritt für Schritt erklärt und dokumentiert. Das weggeschnittene Fruchtfleisch lässt sich für einen weltberühmten Cocktail verwenden, den Bellini aus Harry's Bar in Venedig: das evtl. weich gekochte Fruchtfleisch mit etwas Zucker pürieren, in schöne Gläser füllen und mit Champagner (es darf auch Prosecco sein) auffüllen. Ein herrliches Vergnügen während der kurzen Pfirsichzeit!

For more carved flowers, see Wang textbook number 1. This contains step-by-step instructions with illustrations. The bits of flesh which have been cut off need not be wasted! Why not use them to make a world-famous cocktail? For the Bellini from Harry's Bar in Venice, the flesh – stewed if required – is puréed and mixed with a little sugar, then poured into beautiful glasses and topped up with champagne (or prosecco). This is a real delicacy to be enjoyed in the short period when peaches are available.

Vous trouverez encore plus de formes de fleurs à sculpter, expliquées geste par geste et bien documentées, dans le manuel Wang n° 1. La pulpe enlevée peut être utilisée pour créer un cocktail célèbre à travers le monde: le «Bellini» du Harry's Bar à Venise. Pour cela, réduisez en purée la pulpe éventuellement cuite jusqu'à la consistance nécessaire, ajoutez un peu de sucre et mettez votre préparation dans de beaux verres, que vous finirez de remplir avec du champagne (ou du prosecco) – un délice à ne pas manquer pendant la courte saison des pêches!

Sul Manuale Wang No. 1 potrete trovare altre forme di fiori da intagliare, spiegate fase per fase e illustrate. La polpa eliminata dal fiore è perfetta per un cocktail famoso in tutto il mondo, il Bellini dell'Harry's Bar di Venezia: frullare la polpa della frutta (eventualmente cotta) con un po' di zucchero, versarla in bicchieri eleganti e unirvi un po' di champagne (va bene anche un Prosecco). Un piacere unico da non perdere durante la breve stagione delle pesche!

8

Die einzelnen Schritte mit dem grösseren Meissel wiederholen, bis ein schöner runder Blütenkranz entsteht.

Repeat the individual steps using the larger chisel until a beautiful circular petal crown has been created.

Répétez tous les gestes au plus grand des deux burins, jusqu'à ce que vous ayez une belle couronne de pétales.

Ripetere le singole tappe utilizzando lo scalpello più grande, fino ad ottenere una bella corona fiorita.

9

Das Fruchtfleisch darunter mit dem Küchenmesser grosszügig wegschneiden und den Blütenkranz freistellen.

Use the kitchen knife to remove the flesh underneath generously and expose the petal crown.

Au couteau de cuisine, retirez amplement la pulpe autour de la fleur, afin que celle-ci se détache bien du fond.

Eliminare generosamente con il coltello da cucina la polpa sottostante, liberando il fiore.

Trauben

Die Legenden der Griechen und Römer um die Herstellung und das Trinken von Wein zeugen von der aussergewöhnlichen, intensiven Beziehung zwischen Mensch und Weintraube.
Als Früchte kennen wir eher die Desserttraube, die während ihrer relativ kurzen Saison für so manch fruchtige Überraschung sorgt oder Käsespezialitäten begleitet. Traubenbeeren ergeben aber auch schmackhafte Dekorationen, zum Beispiel zu Wildgerichten, vor allem, wenn sie liebevoll geschnitten werden.

Grapes

The Greek and Roman legends about making and drinking wine testify to the unusual and close relationship between man and grapes. As a fruit, we are most familiar with the dessert grape. This is used to produce many a fruity surprise or as an accompaniment to cheese specialities in the relatively short period during which it is in season. However, grapes can also be made into tasty decorations, for game dishes for example, particularly if they have been carved with affection.

Les raisins

Les légendes grecques et romaines tout autour de la production et de la dégustation du vin témoignent de la relation intense de l'homme et du raisin. En tant que fruit, nous connaissons surtout le raisin de table, qui accompagne avantageusement les fromages et nous procure le plaisir de telle ou telle autre surprise fruitée pendant l'époque relativement courte de l'année où il est de saison. Les grains de raisin donnent également de délicieuses décorations – par exemple des plats de gibier –, particulièrement appétissantes si les raisins ont été découpés avec soin.

Uva

Le leggende degli Antichi greci e Romani sulla fabbricazione del vino e la sua degustazione testimoniano, fra le altre, lo strettissimo rapporto tra uomo e vite. Per il consumo fresco, si usano però piuttosto le uve da tavola, che durante la loro stagione relativamente breve, ci regalano dolci sorprese, magari accompagnando un piatto di formaggi. Gli acini d'uva costituiscono anche eccellenti quanto gustose possibilità di decorazione, per esempio se serviti insieme a specialità di selvaggina, ma soprattutto se oggetto di un paziente intaglio.

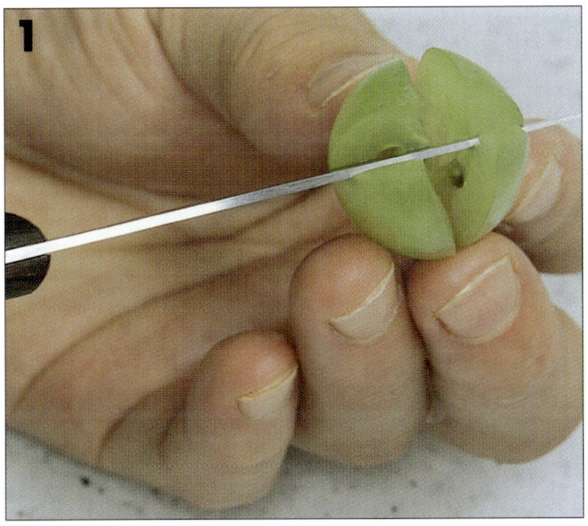

1

Mit dem Küchenmesser die Traubenbeere der Länge nach übers Kreuz einschneiden, sodass 4 Blüten entstehen.

Use the kitchen knife to cut into the grape lengthways across the top to create four petals.

Avec le couteau de cuisine, entaillez le grain de raisin en croix dans le sens de la longueur, de façon à obtenir 4 pétales.

Tagliare a croce gli acini d'uva con un coltello da cucina per ottenere 4 spicchi uniti alla base.

2

Jedes der vier Blütenblätter zweimal einschneiden (siehe Tipp). So entsteht ein Kranz aus 12 Blättern.

Cut into each of the four petals twice (see tip) to create a crown with 12 petals.

Entaillez chaque pétale deux fois (voir conseil). Vous avez maintenant une couronne de 12 pétales.

Tagliare due volte ognuno dei 4 spicchi (vedi consiglio). Si otterrà una corona di 12 petali.

3

Bei einer blauen oder roten Traubenbeere die Spitze als Blütenstempel abschneiden und in die Mitte des Kelches legen.

● Cut the top off a blue or red grape for a pistil and place it in the centre of the calyx.

▼ Coupez l'extrémité d'un grain de raisin bleu ou rouge. Ce sera le cœur de la fleur, que vous disposerez au centre.

■ Tagliare la calotta di un acino d'uva rosso o nero e sistemarlo al centro del fiore.

4

Für flache Blüten, wie im Schaustück gezeigt, müssen die einzelnen Blätter tief eingeschnitten werden.

● To create flat flowers, as shown in the show-piece, the individual petals must be cut deeply.

▼ Pour obtenir des fleurs largement étalées comme celle de notre exemple, vous devez couper les pétales profondément vers le centre.

■ Per ottenere fiori piatti come quelli mostrati nella foto, basta incidere i singoli petali molto in profondità.

Trauben
Grapes
Les raisins
Uva

Ähnlich wie bei Kirschen sind die Traubenbeeren zu klein zum Schnitzen und auch nur kurze Zeit erhältlich.

● Like cherries, grapes are too small for elaborate carving and are available during a short period only.

▼ Comme les cerises, les grains de raisin ont une saison limitée et sont trop petits pour être sculptés.

■ Come le ciliegie, anche gli acini d'uva sono troppo piccoli per consentire intagli complessi e si conservano per poco tempo.

Mr. Carving

Werden die Blütenblätter weniger tief eingeschnitten, entsteht ein engerer Blütenkelch, die Blume wird runder (Bild links).

● *Cutting the petals less deeply creates a narrower calyx and a flower which is rounder in shape (picture left).*

▼ *En découpant les pétales moins profondément, on obtient un calice plus fermé: la fleur prend une forme plus ronde (illustration à gauche).*

■ *Per ottenere un calice più stretto e più rotondo anziché un fiore piatto basta incidere meno profondamente i singoli petali (foto a sinistra).*

Feigen, die paradiesischen Früchte

Die grossen Blätter des Feigenbaumes sind wohl weltberühmt, haben sie doch schon in der Schöpfungsgeschichte Adam und Eva im Garten Eden nützliche Dienste geleistet. Der Schwerpunkt des weltlichen Feigenhandels liegt in den Mittelmeerländern, wo Feigen zum Alltag gehören wie bei uns Äpfel. Dank ihrem hohen Zuckergehalt eignen sie sich hervorragend zum Trocknen. Nicht so ideal sind sie leider zum Schnitzen, meistens ist ihr Fruchtfleisch zu weich. Zum Schneiden bietet sich diese erotische Frucht aber geradezu an.

Figs, the fruits of paradise

The large leaves of the fig tree must be known all around the world since in the story of Creation they already proved useful to Adam and Eve in the garden of Eden. The world's most important market for figs is in the Mediterranean countries where figs are as commonplace as apples are here. Due to their high sugar content they are ideal for drying. As their flesh is frequently very soft, figs are unfortunately not quite as ideal for carving. However, this erotic fruit is perfectly suited for decorative cutting.

Les figues sont les fruits du paradis

Les grandes feuilles du figuier sont bien connues: la Genèse nous raconte comment Adam et Eve, déjà, surent en tirer profit au jardin d'Eden. Dans notre monde d'aujourd'hui, le marché des figues est dominé par les pays méditerranéens, où elles sont aussi communes que les pommes le sont chez nous. A cause de leur forte teneur en sucre, les figues se prêtent admirablement bien à être séchées. Malheureusement, elles conviennent moins bien à la sculpture – leur pulpe est généralement trop tendre. Par contre, ce fruit à l'aura sensuelle est littéralement prédestiné à être découpé.

I fichi, frutti del Paradiso

Tutti conoscono le grandi foglie dell'albero di fico: non per nulla compaiono nella storia della Creazione, quando Adamo ed Eva le usano per coprirsi nel Giardino dell'Eden. Il centro del commercio mondiale di fichi gravita attorno ai paesi mediterranei, dove il consumo di fichi è quotidiano come da noi quello delle mele. Il loro alto contenuto di zuccheri ne fa un frutto eccellente per essere seccato. Ma non altrettanto, purtroppo, per essere intagliato, visto che la polpa è perlopiù troppo morbida. Ma questo frutto così erotico si presta benissimo per composizioni a base di polpa tagliata.

Mr. Carving

Die Schale lässt sich besser ablösen, wenn die Frucht zwei bis drei Stunden in Wasser gelegt wird.

The skin can be removed more easily if the fruit has been immersed in water for two to three hours.

La peau se retire plus facilement si le fruit a été immergé deux à trois heures dans de l'eau.

La buccia si toglie più facilmente dopo aver lasciato il frutto a bagno in acqua per due o tre ore.

Kaktusfeigen (Bild unten) sind die Früchte der Opuntien und haben mit den Feigen nur den Namen gemeinsam. Die Kaktusfeige besticht nicht nur durch ihr zartsüsses, saftiges Fruchtfleisch, sondern auch durch ihre Schale. Man hüte sich davor, sich an ihren Stacheln zu «vergreifen»! Die sehr schmerzhafte Erfahrung kann durch vorsichtigen Umgang vermieden werden. Tragen Sie Küchenhandschuhe oder benutzen Sie ein Tuch oder eine Greifzange, um die Frucht zu bearbeiten.

Indian figs (picture below) grow on opuntias and, apart from their name, have nothing in common with figs. The Indian fig captivates not only with its mildly sweet and juicy flesh but also with its attractive skin. But be sure to approach this prickly fruit with care! Painful experiences can be avoided by careful handling. Wear rubber gloves, or use a cloth or tongs to hold the fruit while working on it.

Les figues de Barbarie (illustration en bas) sont les fruits de l'opuntia. Elles n'ont rien de commun avec les figues, sauf le nom. On peut être mordu pour la figue de Barbarie à cause de sa pulpe juteuse et délicatement sucrée, mais gare aux «morsures» que peut vous infliger sa peau hérissée d'épines! Cette expérience très douloureuse lors du travail sur ce fruit peut être évitée en y mettant une bonne dose de prudence: portez des gants de caoutchouc, ou utilisez une serviette ou une pince.

I fichi d'India (foto sotto) sono i frutti delle Opuntie e con i fichi hanno in comune solo il nome. Il fico d'India presenta un polpa delicata e succosa, racchiusa però in una scorza cosparsa di piccole spine, che non è affatto piacevole ritrovarsi nelle mani! Basta usare un po' di attenzione nel maneggiarli e questa dolorosa esperienza può essere evitata: indossate guanti da cucina, un asciugamano o una pinza per tenere in mano il frutto mentre lo lavorate.

Eine Rhabarberblume passt ideal zu sommerlichen Früchteshakes, Bowlen und Longdrinks. Befestigen Sie den Blumenstängel, indem Sie das Ende in der Mitte einschneiden und am Glasrand feststecken.

Rhubarb flowers are ideal decorations for summery fruit shakes, punches and long drinks. To attach the flower simply make an incision across the end of the stalk and slide it onto the rim of the glass.

Une fleur faite de rhubarbe accompagne à la perfection les milk-shakes aux fruits, le punch et toutes sortes de rafraîchissements d'été. Fixez la tige de la fleur en la mettant à cheval sur le bord du verre après l'avoir fendue dans sa partie inférieure.

Un fiore fatto di rabarbaro è la decorazione ideale per frappé di frutta, bowles e longdrinks estivi. Per fissarlo al bordo del bicchiere basta praticare un'incisione verticale nel gambo.

Rheum rhabarbarum

In China hatte der Rhabarber als Heilpflanze bereits vor Jahrtausenden eine grosse Bedeutung. Obwohl er eigentlich zum Gemüse zählt, wird er bei uns doch meistens als Obst verwendet. Seine groben Fasern setzen der Schnitzkunst schnell einmal Grenzen. Auf der anderen Seite aber ermöglichen gerade diese Fasern auf sehr einfache Art dekorative Effekte, indem man den Fasern entlang schneidet. Benutzen Sie den harten Teil des Stängels zum Schnitzen und geniessen Sie den weichen Teil als fruchtige Köstlichkeit.

Rheum rhabarbarum

In China the rhubarb's valuable medicinal properties were already recognised and exploited many thousands of years ago. Nowadays it is most frequently used as a fruit in spite of the fact that, strictly speaking, it is a vegetable. Its coarse fibres mean that its potential for carving decorations is fairly limited. However, cutting along these same fibres provides an easy way to achieve decorative effects. The hard end of the stalk is suitable for carving while the soft end is a fruity delicacy.

Rheum rhabarbarum

En Chine, la rhubarbe revêtait une grande importance comme plante médicinale. Bien qu'elle fasse en fait partie des légumes, on l'utilise en général comme un fruit dans nos régions. Ses fibres résistantes limitent nettement la liberté de l'artiste, mais permettent d'autre part d'obtenir très simplement des effets décoratifs en coupant le long de ces fibres. Sculptez la partie dure de la tige et dégustez la partie tendre comme gourmandise fruitée.

Rheum rhabarbarum

Da millenni il rabarbaro riveste una grande importanza in Cina come pianta medicinale. Sebbene sia in realtà una verdura, da noi il rabarbaro viene utilizzato perlopiù come frutto. La sua fibrosità limita in un certo senso l'arte dell'intaglio. Ma basta inciderlo verticalmente seguendo le sue fibre per ottenere facilmente interessanti effetti decorativi. Per incidere scegliete la parte più dura della costola di rabarbaro e tenete invece quella più morbida per le vostre preparazioni culinarie.

1

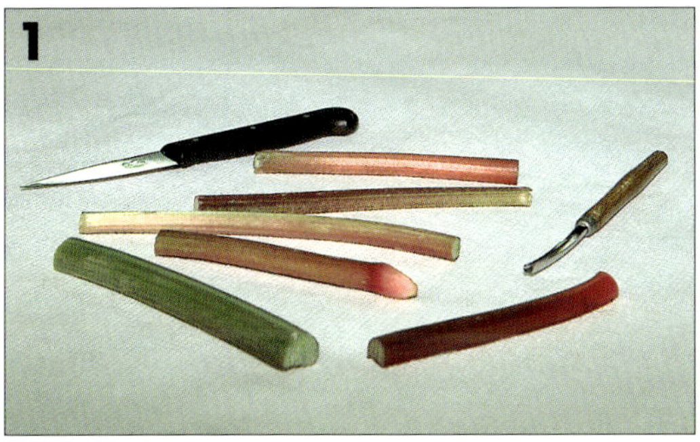

2

3

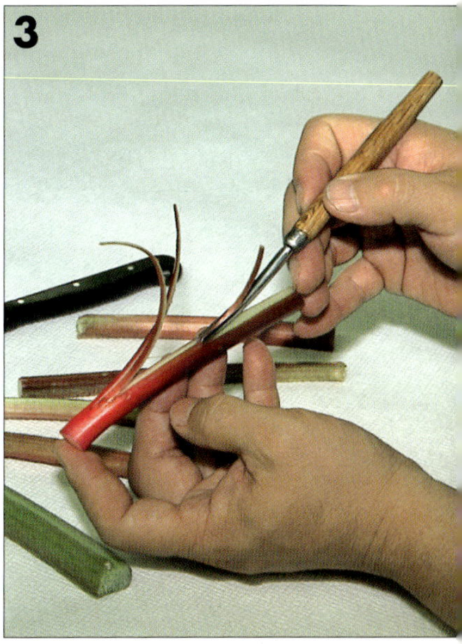

1

Werkzeug: V-Meissel Nr. 3 / Küchenmesser
Teilen Sie den Rhabarberstängel in kleinere Stücke, angepasst an die gewünschte Grösse der Blume.

Tools: V-shaped chisel number 3 / kitchen knife
Cut the rhubarb stalk into sections. The length of the individual sections depends on the required flower size.

Outils: burin n° 3 en forme de V / couteau de cuisine
Découpez la tige de rhubarbe en plusieurs segments, suivant la taille que vous voulez donner à la fleur.

Utensili: scalpello a V no. 3 / coltello da cucina
Suddividete il gambi di rabarbaro in costole più piccole a seconda della grandezza desiderata per il fiore.

2

Schneiden Sie mit dem V-Meissel Nr. 3 den Fasern entlang. Am Ende nicht ganz durchschneiden, sodass die einzelnen Blätter noch zusammenhalten. Beim nächsten Blatt den Meissel genau der Kante entlang führen, sodass möglichst viele dünne Blätter entstehen.

Use V-shaped chisel number 3 to cut along the fibres. Do not cut right to the end of the stalk so that the individual petals remain attached. For the next petal run the chisel exactly along the edge in order to cut as many thin petals as possible.

Suivez les fibres au burin n° 3 en forme de V, sans couper tout à fait jusqu'au bout, pour que les lanières qui formeront les pétales restent attachées ensemble. Suivez toujours exactement le bord du dernier sillon, pour obtenir un maximum de fines lanières.

Con lo scalpello a V no. 3 incidete il gambo lungo le fibre, badando di non staccarle alla base, affinché i singoli petali del fiore restino uniti. Per incidere il petalo successivo, seguite con precisione su tutta la lunghezza lo spigolo creato in precedenza. Otterrete così un maggior numero di sottili filamenti.

3

Fahren Sie fort, bis ein schöner Blumenkranz entstanden ist.

Continue until you have completed a beautiful petal circle.

Continuez jusqu'à ce que vous ayez une belle couronne de pétales qui forment une fleur.

Continuate l'operazione finché avrete ottenuto una bella corona di petali.

4

▾ Den letzten mittleren Stängel kürzen, um kleinere Blüten zu erhalten.

● Cut a little off the top of the remaining stalk in the centre and then cut a circle of shorter petals.

▼ Raccourcissez le centre de la tige pour obtenir des pétales courts au cœur de votre fleur.

■ Accorciate ora la costola interna rimasta per ottenere petali più piccoli.

5

▾ Schritte 2 und 3 wiederholen. Möglichst viel vom Rhabarberstängel verarbeiten.

● Repeat steps 2 and 3 using as much of the rhubarb stalk as possible.

▼ Répétez les gestes 2 et 3, en utilisant au maximum la tige de rhubarbe.

■ Ripetete le operazioni 2 e 3. Cercate di lavorare il più possibile la costola di rabarbaro.

Rhabarber
Rhubarb
La rhubarbe
Il rabarbaro

▾ Rhabarber ist günstig im Einkauf. Die Schnitzereien lassen sich sehr gut einige Zeit im Voraus gestalten, sie sind schnell gemacht und bleiben lange schön. Wenn Sie die geschnitzte Rhabarberblume ins kalte Wasser legen, öffnet sie sich nach etwa einer halben Stunde. Nach drei Stunden Wasserbad sind die Blätter sehr hart und kringeln sich. Dies muss je nach gewünschtem Effekt berücksichtigt werden.

● Rhubarb is inexpensive and has the added advantage of allowing you to carve decorations in advance. These are easy to make and continue to look good for a long time. If the rhubarb flower is placed in cold water it will open up after about half an hour. After about three hours in cold water the petals will have become very hard and will curl. These factors should be taken into account when trying to achieve a particular effect.

▼ La rhubarbe ne coûte pas cher. Les sculptures peuvent très bien être exécutées quelque temps à l'avance, elles sont vite faites et restent belles longtemps. Si vous placez votre fleur sculptée de rhubarbe dans de l'eau froide, elle s'ouvrira au bout d'environ une demi-heure. Si elle reste dans l'eau pendant trois heures, ses pétales deviendront très durs et s'enrouleront. Tenez compte de ce comportement pour obtenir les effets que vous désirez.

■ Il rabarbaro costa poco. E' possibile preparare gli intagli con un certo anticipo, visto che sono veloci da farsi e si mantengono a lungo. Se immerso in acqua fredda, il fiore di rabarbaro intagliato si apre dopo circa mezzora. Dopo circa tre ore in acqua, le foglie divengono molto dure e tendono ad arricciarsi. Tenetene conto a seconda dell'effetto che volete creare.

Wassermelonen – Farbenspiele grün, weiss, rot

Mitte August, Hochsommer im Süden und Hochsaison für die zu Pyramiden gestapelten Wassermelonen. Mit 95% Wasseranteil ist die Frucht in ihrem Ursprungsland Afrika noch heute ein wertvoller Trinkwasserersatz. Mehr Saft als Frucht, wenig Zucker – der geschätzte Durstlöscher für die heisse Jahreszeit. Wassermelonen ergeben ideale geschnitzte Gefässe zum Füllen. So kann die ganze Frucht verwendet werden. Dank ihrer Grösse gelten sie als praktische Übungsstücke für Anfänger der Schnitzkunst. Und den wahren Künstler erkennt man am effektvollen Farbenspiel.

Watermelons – dramatic colour play in green, white and red

Mid August is the height of summer in the South and a period when watermelons stacked in pyramid shapes are a familiar sight. In Africa, its country of origin, this fruit with a 95% water content continues to play an important role as a replacement for drinking water. In the summer heat the watermelon's consistency, which is more liquid than solid, combined with its low sugar content, make it a welcome thirst quencher. Watermelons make very good carved containers which can be filled with all kinds of things. This means that the entire fruit can be used without any waste. Due to their size they provide good practice for beginners while the true artist can display his ability by creating dramatic colour effects.

Pastèques – jeux de couleur en vert, blanc et rouge

Mi-août, en plein été, c'est la saison des pastèques, disposées en pyramides, dans les pays du sud. Avec 95% d'eau, ce fruit offre en Afrique, d'où il est originaire, une précieuse source de désaltération. Contenant plus de jus que de pulpe, peu sucré, ce fruit est un rafraîchissement toujours bienvenu dans la saison chaude. Les pastèques sont un excellent matériau pour réaliser des récipients ciselés à remplir. On utilise ainsi le fruit tout entier, et sa taille en fait un excellent terrain d'exercice pour les débutants en sculpture de fruits. Quant aux artistes chevronnés, ils savent jouer avec virtuosité les effets de couleur.

Giochi cromatici di verde, bianco e rosso con le angurie

Verso la metà di agosto il sud è in piena estate ed è tempo di angurie. Composta per il 95% di acqua, l'anguria è a tutt'oggi in Africa, sua patria d'origine, un apprezzato e prezioso sostituto dell'acqua. Tanto succo, poca polpa, pochi zuccheri – l'anguria è davvero un valido dissetante per la stagione più calda dell'anno. Inoltre, una volta svuotata della polpa, è possibile intagliarla per ottenere un elegante recipiente. Dell'anguria non si getta via davvero nulla! Le sue grandi dimensioni la rendono molto pratica per i primi esercizi d'intaglio dei principianti. E il vero artista si riconosce dai brillanti effetti ottenuti sfruttando i contrasti cromatici.

1

▼ Werkzeug: Küchenmesser, Thaimesser, V-Schnitzmeissel Nr. 1 und Nr. 2. Von der Frucht einen Deckel und einen Boden abschneiden, beides aufbewahren, sie werden zu Blumen geschnitzt.

● Tools: kitchen knife, Thai knife, V-carving chisels number 1+2. Cut off both ends of the fruit. Do not discard them as they will be carved into flowers later.

▼ Outils: couteau de cuisine, couteau thaï, burin n° 1 en forme V + n° 2. Coupez un couvercle et un fond, que vous mettez tous deux de côté – ils serviront à sculpter des fleurs.

■ Utensili: coltello da cucina, coltello thai, scalpello a V per intaglio no. 1 + no. 2. Private l'anguria della calotta superiore e inferiore e mettetele da parte (le intaglierete a forma di fiore).

2

▼ Die Frucht rundum schälen, sodass eine möglichst glatte, weisse Fläche entsteht. Die Hälften mit Zahnstochern kennzeichnen, es wird in diesem Beispiel nur die vordere Hälfte veredelt. Etwa 2 cm unter dem oberen Rand mit dem Küchenmesser bis auf das rote Fruchtfleisch waagrecht eine Rille einkerben. Von der Mitte aus die Kerbe schräg nach unten links und rechts vergrössern, indem wie kleine Fruchtschnitze ausgeschnitten werden.

● Peel the fruit completely to reveal a smooth, white surface. Use toothpicks to distinguish the two halves. In this example only the front half will be worked on. Use the kitchen knife to cut a horizontal groove about 2 cm below the upper edge. The groove should be deep enough to reveal the red flesh. The groove is at its narrowest in the centre and widens in a downward movement to the left and the right. This is achieved by carving out thin fruit-segment-shaped slices.

▼ Pelez le fruit tout entier, afin d'obtenir une surface blanche bien lisse et régulière. Marquez la ligne du milieu à l'aide de cure-dents: dans notre exemple, seule la moitié antérieure sera décorée. Faites à l'aide du couteau de cuisine une entaille horizontale jusqu'à la pulpe rouge, environ 2 cm sous le bord supérieur. Elargissez l'entaille en biais vers le bas à gauche et à droite en découpant des copeaux à partir du milieu, pour former des sillons profonds dans l'écorce à gauche et à droite.

■ Sbucciate il frutto tutto attorno cercando di ottenere una superficie bianca più liscia possibile. Contrassegnate le metà mediante stecchini. In questo esempio verrà lavorata solo la metà anteriore. Con il coltello da cucina praticare un'incisione orizzontale a 2 cm dal bordo superiore fino a scoprire la polpa. Allargare l'incisione partendo dal centro e procedendo di sbieco a sinistra e a destra, ritagliandone tante piccole «lamelle» di frutta.

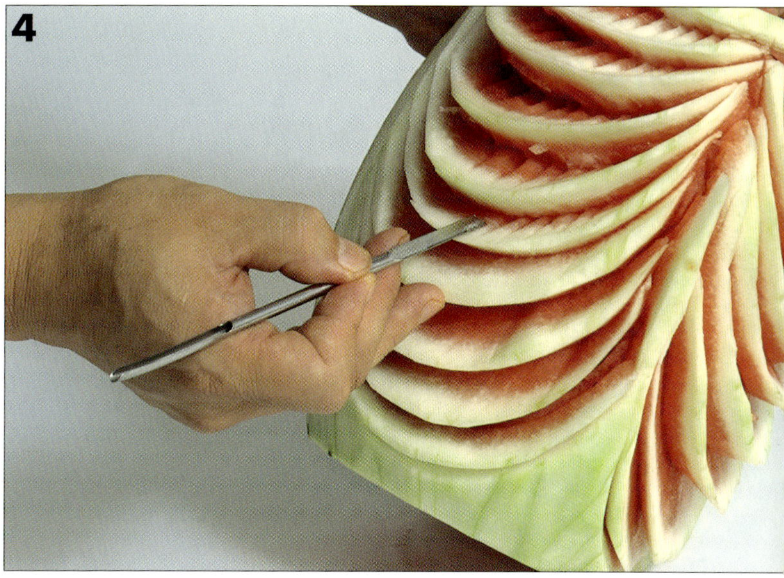

3

▼ Unter den ersten Lamellen mit dem Thaimesser eine weitere Rille vorzeichnen und mit dem Küchenmesser nachschneiden. Je weiter unten, desto grösser werden die halbrunden Fruchtschnitze. Schön von der Mitte aus, nach rechts und links, möglichst gleichmässige Bahnen schnitzen.

● Use the Thai knife to draw a second groove below the first lamellas and then use the kitchen knife to cut along the lines. The size of the semicircular fruit slices increases as you progress downward. Carve from the centre to the left and the right removing as regular strips as possible.

▼ Ebauchez au couteau thaï une deuxième entaille sous les premiers sillons, et réalisez la découpe de finition au couteau de cuisine. Plus vous progressez vers le bas, plus les sillons arqués seront grands. Partez du milieu et découpez vers la gauche et la droite des tracés bien réguliers.

■ Al di sotto delle prime lamelle delineare una seconda incisione con il coltello thai e lavorarla con il coltello da cucina. Man mano che si procede verso il basso le lamelle di polpa semicircolari diventeranno più grandi. Intagliare con precisione scanalature regolari partendo sempre dal centro e procedendo verso il basso a sinistra e a destra.

4

▼ Die Ränder der einzelnen Lamellen mit dem kleineren V-Meissel zacken. Die zwei Zahnstocher entfernen.

● Use the small V-shaped chisel to decorate the edges of the individual lamellas with a zigzag pattern. Remove the two toothpicks.

▼ Finissez les contours de chaque sillon en zigzag à l'aide du petit burin en forme de V. Retirez les cure-dents.

■ Con lo scalpello a V più piccolo dentellare i bordi delle singole lamelle. Eliminare i due stuzzicadenti.

5

▼ Die abgeschnittenen Enden rund schneiden, etwas aushöhlen. Um die Mitte eine Rille schnitzen. Mit dem grösseren V-Meissel von innen nach aussen Blattrillen einkerben.

● Cut the previously removed ends into circles and hollow them out slightly. Carve a circular groove around the centre. Use the larger V-shaped chisel to carve petal grooves from the centre outwards.

▼ Découpez en rond le dessus et le fond que vous aviez enlevés au départ, et creusez-les un peu sur la surface intérieure. A l'extérieur, creusez un sillon autour du centre. Marquez les séparations des pétales de l'intérieur vers l'extérieur au grand burin en forme de V.

■ Tagliare in tondo le due calotte messe da parte e svuotarle leggermente. Incidere una scanalatura attorno al centro. Con lo scalpello a V più grande incidere dal centro verso l'esterno disegnando diversi petali.

7

Gegen die Mitte mit Meissel Nr. 2 Strahlen einkerben.

Use chisel number 2 to carve rays towards the centre.

Creusez dans les pétales des faisceaux en étoile vers le centre de la fleur avec le burin n° 2.

Con lo scalpello no. 2 disegnare dei raggi dal centro verso i petali.

6

Die einzelnen Blattformen vorzeichnen und freistellen.

Draw outlines of the individual petal shapes and cut them out.

Dessinez les pétales un à un et découpez-les.

Delineare le forme dei singoli petali e rifinirle liberandole dal resto della buccia.

8

Die Ränder der Blätter mit dem Küchenmesser zickzacken.

Use the kitchen knife to cut zigzag edges on petals.

Finissez les contours des feuilles en zigzag au couteau de cuisine.

Dentellare gli orli dei petali con il coltello da cucina.

Mr. Carving

Die Zahnstocher für die Befestigung dürfen nicht sichtbar sein! Das Schaustück hält sich länger, wenn es ausgehöhlt ist.

Make sure the toothpicks used to attach the flower decoration are not visible! The showpiece will keep longer if the inside of the fruit is removed.

Les cure-dents de fixation ne doivent pas être visibles! La pièce se garde plus longtemps si elle est vidée.

Gli stuzzicadenti usati per fissare l'insieme non devono essere visibili! Il modello dura più a lungo se è svuotato della polpa.

9

Auf Wunsch die Frucht von hinten aushöhlen. Mit dem Thaimesser die einzelnen Lamellen nach innen ganz durchschneiden, damit die Frucht durchsichtig wird und so der «Lampion»-Effekt entsteht.

The inside of the fruit may be removed from the back if desired. To achieve the lantern effect, use the Thai knife to cut through to the inside between the lamellas. This gives the lantern a transparent appearance.

Si vous le désirez, vous pouvez vider le fruit par derrière. Découpez chaque sillon en traversant toute l'écorce pour obtenir un effet de transparence style lampion.

Volendo è possibile svuotare il frutto dall'interno. Con il coltello thai incidere completamente le lamelle verso l'interno, in modo che il frutto lasci filtrare la luce ottenendo così l'effetto «lampioncino».

10

▾ Als Dekoration ein Melonenblatt aus Fruchtfleisch schnitzen und mit den grünen Blumen mit Hilfe von Zahnstochern am Lampion befestigen.

● Carve a melon leaf shape out of the flesh and complete the decoration by attaching this and the two green flowers to the lantern using toothpicks.

▼ Sculptez une feuille de pastèque dans la pulpe et fixez-la sur le lampion, de même que les fleurs vertes, à l'aide de cure-dents.

■ Per decorare il modello, intagliare una foglia nella polpa e fissarla al lampione di anguria, insieme al fiore verde ottenuto dalla calotta lavorata, mediante gli stecchini.

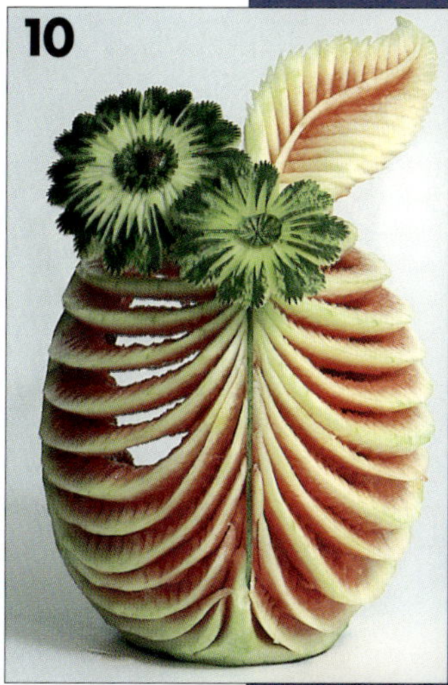

Schaustück
Show-piece
Pièce décorative
Modello da esposizione

▾ Bei diesem Schaustück und bei denen auf den folgenden zwei Seiten kann praktisch die ganze Frucht verwendet werden. Pressen Sie das ausgehöhlte Fruchtfleisch zu Saft oder geben Sie es in einen Fruchtsalat oder in eine Bowle.

● This show-piece and those on the following two pages allow you to make use of practically the entire fruit. The removed flesh can either be squeezed into a delicious fruit juice or added to a fruit salad or punch.

▼ Cette pièce décorative, comme celles des deux pages suivantes, permet d'utiliser pratiquement le fruit tout entier. Pressez la pulpe retirée du fruit pour en faire du jus, ou agrémentez-en une macédoine de fruits ou un punch.

■ In questo modello, come pure in quelli presentati sulle prossime pagine, si utilizza praticamente l'intero frutto. La polpa eliminata può essere trasformata in un succo di frutta, aggiunta ad una macedonia o in un bowle.

▾ Die Lampion-Vase aus Wassermelone ist ein ideales Schaustück für Anfänger.

● The lantern vase made from a watermelon is an ideal show-piece for beginners.

▼ Le vase lampion fait d'une pastèque est un ouvrage idéal pour les débutants.

■ Il lampione di anguria è un modello ideale per i principianti.

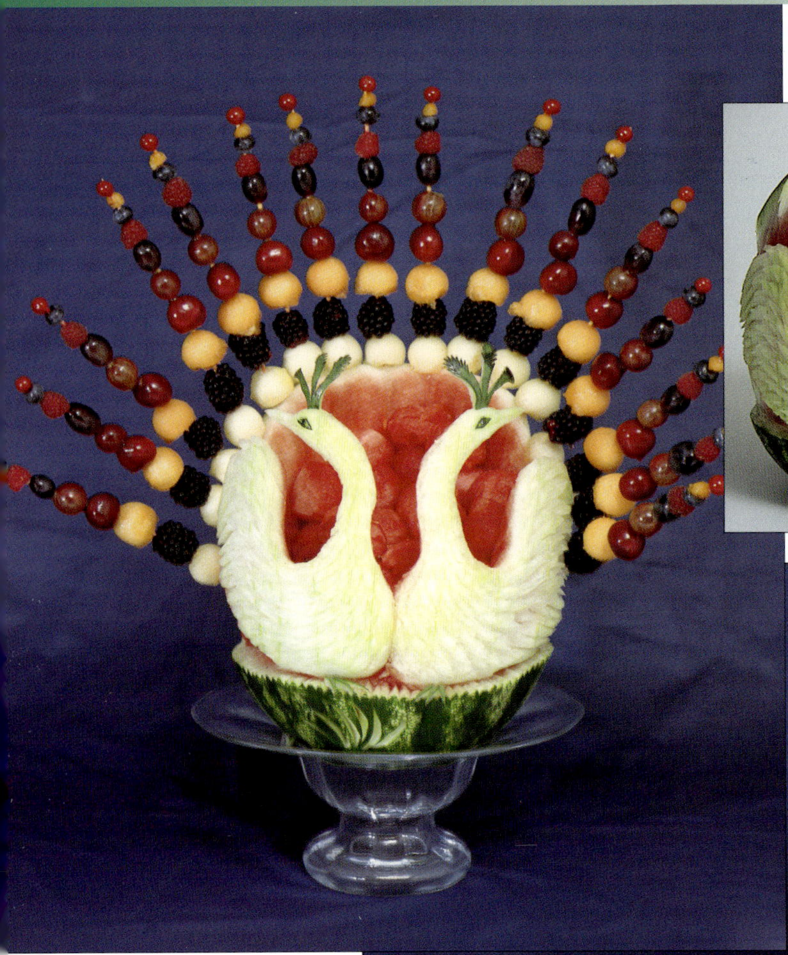

1

Werkzeug: Thaimesser, Küchenmesser, Schnitzmeissel Nrn. 1 bis 4
Im unteren Drittel eine breite Rille waagrecht rund um die Frucht schneiden. Mit dem V-Meissel bis auf das rote Fruchtfleisch schnitzen. Die Kerbe mit dem Küchemesser gegen oben verbreitern, der obere Rand sollte leicht abgerundet sein, der untere ist gerade. Die Kerbe sehr sauber herausschnitzen, sie darf bis 1 cm breit sein, damit sie deutlich sichtbar ist, mit einem geraden unteren und einem abgerundeten oberen Rand.

Tools: Thai knife, kitchen knife, carving chisels numbers 1 to 4
Cut a wide horizontal groove all the way round the fruit in the bottom third. Use the V-shaped chisel to carve through to the red flesh. Use the kitchen knife to widen the groove upwards. The upper edge should be gently rounded while the lower edge is straight. Carve out a clearly visible, clean groove of up to 1 cm width with a straight lower and a rounded upper edge.

Outils: couteau thaï, couteau de cuisine, burins n° 1 à 4
Pratiquez une large entaille horizontale sur tout le pourtour à un tiers du fond. Creusez au burin en forme de V jusqu'à atteindre la pulpe rouge. Elargissez votre entaille vers le haut à l'aide du couteau de cuisine – le bord supérieur doit être légèrement arrondi, tandis que le bord inférieur reste droit. Bien enlever l'écorce: l'entaille peut faire jusqu'à 1 cm de large pour être bien visible; elle doit avoir un bord inférieur droit et un bord supérieur arrondi.

Utensili: coltello thai, coltello da cucina, scalpelli per intagliare nn. 1–4
Praticare un grosso intaglio orizzontale nel terzo inferiore del frutto procedendo tutto intorno. Con lo scalpello a V intagliare fino a raggiungere la polpa. Allargare il solco verso l'alto con il coltello da cucina. Il bordo superiore deve riuscire leggermente arrotondato mentre quello inferiore deve restare piatto. Intagliare il solco con precisione e senza sbavature: può essere largo fino a 1 cm (in modo da essere ben visibile) e deve presentare il bordo superiore arrotondato e quello inferiore piatto.

2

Den Boden gerade schneiden, für einen guten Stand. Die Frucht von oben vom Stielansatz nach unten zur Kerbe schälen. So schälen, dass die untere Haut noch etwas grünlich ist, dabei auf die natürliche Form der Frucht achten. Den Stielansatz abschneiden. Es soll eine gleichmässige grünlich weisse Fläche entstehen.

Cut off the bottom of the fruit to create a flat surface for the fruit to stand on. Peel the fruit starting at the stalk on the top and working downwards until you reach the groove. When peeling ensure that not all the green is removed from the surface while taking account of the fruit's natural shape. Remove the stalk joint. The aim is to create an even greeny white surface.

Coupez le fond bien droit, pour une meilleure stabilité sur surface plane. Pelez le fruit sur les deux tiers au-dessus de l'entaille, en partant du sommet, et de façon à ce que la deuxième peau qui apparaît soit encore un peu verte. Suivez bien la forme naturelle du fruit. Enlevez le reste de tige. Vous devez obtenir une surface régulière, d'un blanc tirant sur le vert.

Tagliare in orizzontale la base del frutto per renderlo stabile. Sbucciarlo dall'alto, dal gambo, fino al solco praticato. La superficie ottenuta non deve essere bianca, ma ancora un po' verdognola. Seguire comunque la forma naturale del frutto. Eliminare l'attaccatura del gambo. La superficie così ottenuta dovrebbe essere di un bianco-verdognolo uniforme.

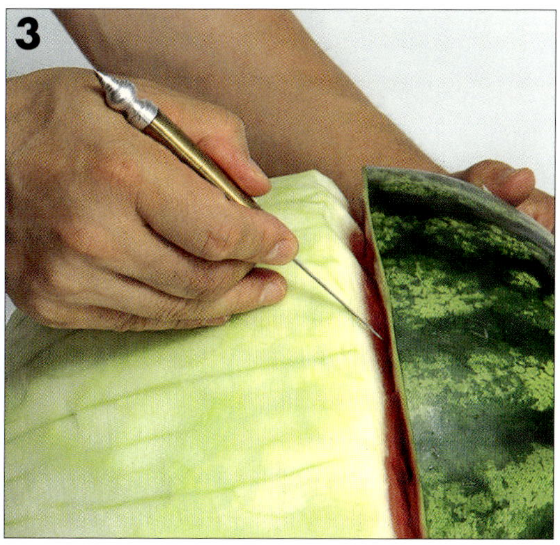

3

Am weissen Rand der Kerbe mit dem Thaimesser halbrunde Blattformen wegschneiden.

Use the Thai knife to carve out semicircular petal shapes along the white groove edge.

Partant du bord blanc de l'entaille horizontale, enlevez à l'aide du couteau thaï des pétales en demi-lune.

Con il coltello thai ritagliare delle foglie semi circolari dal bordo bianco (superiore) del solco.

4

4

▼ Mit Meissel Nr. 4 vom Rand nach unten in die Mitte der Blattform eine Kerbe schnitzen. Mit dem Thaimesser um die Kerbe Blattformen bilden und mit dem Küchenmesser wegschneiden.

● Use chisel number 4 to carve a groove from the edge downward in the middle of the petal. Use the Thai knife to draw outlines of petal shapes around this groove and then use the kitchen knife to detach them.

▼ A l'aide du burin n° 4, de haut en bas, pratiquez une entaille vers le centre du pétale. Formez des pétales au couteau thaï autour de l'entaille et enlevez-les au couteau de cuisine.

■ Con lo scalpello no. 4 praticare un'incisione nel mezzo della foglia, procedendo dal bordo verso il basso. Con il coltello thai delineare delle foglie attorno all'incisione e ritagliarle con il coltello da cucina.

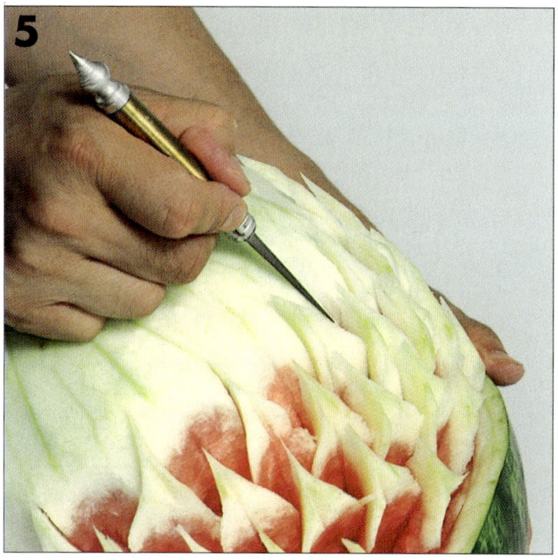

5

Diese Schritte über die ganze weisse Fläche wiederholen: Blattformen suchen, kerben, einschneiden und weglösen. Die Blätter versetzt schnitzen. Durch das Einsetzen von immer kleineren Meisseln werden auch die Blätter kleiner.

Repeat these steps – locate, draw, cut and detach petal shapes – until the entire white surface has been covered. Petals should be carved staggered. Use progressively smaller chisels to carve ever smaller petals.

Répétez ces gestes sur toute la surface blanche: définissez des formes de pétales, entaillez, découpez et enlevez. Sculptez les pétales de façon à ce que chaque rangée soit décalée par rapport à la précédente. Utilisez des burins de plus en plus petits pour obtenir des pétales de taille décroissante.

Ripetere le operazioni seguenti su tutta la superficie bianca: decidere dove posizionare le foglie, delinearle, inciderle e rifinirle. Le foglie dovranno essere in file alternate, non una sopra all'altra. Impiegando scalpelli via via più piccoli le foglie diventeranno sempre più piccole.

6

Am Schluss den grünen Rand der Kerbe zickzacken.

Finally cut a zigzag pattern along the green edge.

Finissez le bord vert de l'entaille en zigzag.

Al termine, praticare un'incisione a zig-zag sull'orlo verde dell'anguria.

Wassermelone
Watermelon
Pastèque
Angurie

Generell gilt für Wassermelonen: Möglichst in den oberen zwei Dritteln (oben = Stielansatz) schnitzen, da ist das Fleisch fester. Wassermelonen sind durch ihre Grösse und die möglichen Farbeffekte geradezu als Schaustücke für Buffets prädestiniert.

As the flesh of watermelons is firmer in the top two thirds of the fruit, it is generally recommended to carve decorations on this section. The top of the fruit is where the stalk is. Their size and potential for creating dramatic colour effects make watermelons ideal for carving show-pieces, for buffets.

En règle générale, il est préférable de sculpter les pastèques sur les deux tiers supérieurs (partie supérieure = celle où il y a le reste de tige), parce que c'est la partie la plus ferme. Les pastèques sont véritablement prédestinées, par leur taille et leur potentiel d'effets de couleur, à devenir l'attraction de vos buffets.

Regola generale per le angurie: praticare gli intagli nei due terzi superiori (parte superiore = vicino al gambo), dove la polpa è più soda. Con la loro dimensione e i loro vivaci contrasti cromatici questi frutti sembrano fatti apposta per essere esposti sui buffet.

Bild rechts: siehe Buch 1, Lektion 21

For picture on the right: see book 1, lesson 21

Illustration à droite: voir livre 1, leçon 21

Foto a destra: vedi libro 1, lezione 21

Mr. Carving

Es ist wichtig, die Kerbe sehr sauber bis auf das rote Fruchtfleisch zu schnitzen. Auch die Blattformen so tief wegschneiden, dass die rote Farbe sichtbar ist.

It is important that the groove is clean-cut and deep enough to reveal the red flesh. The petal shapes should likewise be carved deeply enough to reveal the red flesh.

Il est important de creuser très proprement l'entaille jusqu'à la pulpe rouge. De même, il faut creuser les formes de pétales jusqu'à l'apparition de la pulpe rouge.

E' importante che il solco inferiore sia intagliato in modo netto fino alla polpa rossa. Anche le foglie vanno incise in profondità, in modo da rendere visibile il colore rosso della polpa.

1

▼ Werkzeug: Thaimesser, Küchenmesser, Meissel Nrn. 1 und 2
Einen Boden abschneiden, die Melone braucht einen guten Stand.

● Tools: Thai knife, kitchen knife, chisels numbers 1 and 2
Cut off the bottom to create a level surface for the melon to stand on.

▼ Outils: couteau thaï, couteau de cuisine, burins n° 1 et 2
Coupez un fond pour que le melon tienne bien debout.

■ Utensili: coltello thai, coltello da cucina, scalpelli nn. 1 e 2
Eliminare una calotta perché l'anguria abbia un appoggio stabile.

2

▼ Auf der grünen Schale mit der Rückseite des Thaimessers einen Schwan aufzeichnen.

● Use the back of the Thai knife to draw a swan on the green rind.

▼ Dessinez un cygne sur l'écorce verte à l'aide de l'arrière du couteau thaï.

■ Con l'estremità opposta del coltello thai disegnare un cigno sulla buccia verde.

3

▼ Einen zweiten Schwan, seitenverkehrt, vorzeichnen. Alle unbegabteren Zeichner können auch eine Vorlage aufkopieren oder auflegen und nachzeichnen.

● Draw a second, matching swan on the other side of the melon. If you are not very good at drawing simply copy from a model or place the model on the melon and draw around it.

▼ Dessinez un deuxième cygne symétriquement. Ceux qui ne sont pas très doués pour le dessin peuvent s'aider en copiant ou décalquant un modèle.

■ Disegnarne un secondo in posizione simmetrica ma opposta. Se disegnare non è il vostro forte, basatevi su un modello da copiare o sovrapponetelo al frutto per poi delinearne i contorni.

4

▼ Mit dem Küchenmesser nachschneiden. Die Figuren bis auf das weisse Fruchtfleisch freischälen. Die Schwanenformen kontrollieren und allenfalls ausbessern, auf eine schöne Kopfform achten.

● Use the kitchen knife to cut along the swan's outline. Remove the rind around the swan shape to reveal the white flesh. Check the swan shapes carefully and improve where necessary. Ensure the head is shaped elegantly.

▼ Incisez les contours au couteau de cuisine et pelez à l'extérieur des contours la surface autour des cygnes jusqu'à la pulpe blanche. Vérifiez les contours et corrigez les fautes s'il y en a, en veillant particulièrement à une belle forme des têtes.

■ Con il coltello da cucina seguire le linee «sbucciando» attorno alle figure fino alla zona bianca. Verificare l'aspetto dei cigni ottenuti e correggerlo se necessario. Fare in modo che la testa dei cigni sia molto aggraziata.

6

- Die geschnitzte Form bis auf ca. 5 cm am unteren Rand sorgfältig schälen, damit eine weisse, schöne Oberfläche entsteht.
- Remove the rind inside the carved shape to about 5 cm above the lower edge to reveal a smooth white surface.
- Pelez soigneusement la forme sculptée jusqu'à environ 5 cm du bord inférieur, pour obtenir une belle surface blanche.
- Sbucciare delicatamente la forma intagliata fino a ca. 5 cm dal bordo inferiore per ottenere una superficie bianca uniforme.

5

- Die Hintergrundfläche nun bis zum roten Fruchtfleisch abschälen.
- Now proceed to peel off a further layer of the background to reveal the red flesh.
- Pelez le fond jusqu'à la pulpe rouge.
- Sbucciare ora la superficie dietro ai cigni fino alla polpa.

Mr. Carving

- *Tipp: bei einer sehr gleichmässig schönen Schale können die Vögel auch grün belassen werden.*
- *Tip: If the rind is nice and even the birds may be left green.*
- *Idée: si votre pastèque a une écorce très régulière, vous pouvez également laisser les cygnes en vert.*
- *Suggerimento: se la buccia è molto bella ed omogenea, i cigni possono anche essere lasciati verdi.*

7

Mit dem V-Meissel Nr. 1 vom Hals her bis zum Bauch die Federn schnitzen (siehe Lehrbuch Wang Nr. 1, Seiten 119–120). Für die unteren Federn V-Meissel Nr. 2 benutzen.

Use V-shaped chisel number 1 to carve out the feathers starting at the neck and working downwards to the stomach (see Wang textbook number 1, pages 119–120). Use V-shaped chisel number 2 to carve the feathers below this point.

Ciselez les plumes au burin n° 1 en forme de V, en partant du cou vers le ventre (voir le manuel Wang n° 1, pages 119 et 120). Prenez le burin n° 2 en forme de V pour les plumes inférieures.

Con lo scalpello a V no. 1 intagliare le piume del cigno partendo dal collo e procedendo verso il corpo (vedi Manuale Wang no. 1, pagine 119-120). Per le piume inferiori utilizzare lo scalpello a V no. 2.

8

Aus grüner Schale Augen, Füsse und Kämme schnitzen.

Carve eyes, feet and combs out of the green rind.

Taillez les yeux, les pattes et les aigrettes dans de l'écorce verte.

Intagliare nella buccia verde occhi, zampe e cresta per i cigni.

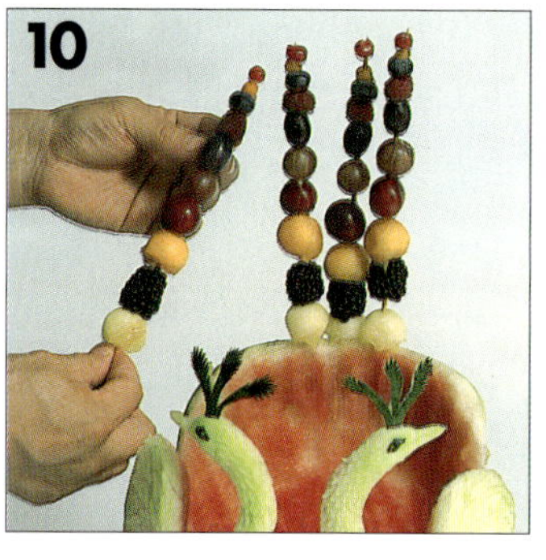

10

Den hinteren Rand der Schwanenschale gleichmässig runden und mit Früchtespiessen dekorieren.

Round the back rim of the swan bowl evenly and decorate with fruit on cocktail sticks.

Arrondissez bien régulièrement le bord postérieur de la coupe aux cygnes et décorez-le de brochettes de fruits.

Arrotondare in modo uniforme il bordo posteriore della coppa con i cigni e decorare con spiedini di frutta.

9

Augen, Kämme und Füsse mit Klebstoff befestigen. Auf Wunsch das Melonenfleisch hinter dem Schwan auslösen, sodass eine Schale entsteht. Das gilt auch für den Sockel. Den Rand des Sockels mit dem Küchenmesser zacken.

Use glue to attach eyes, feet and combs. The flesh of the melon behind the swans may be removed to create a bowl. This also applies to the plinth. Use the kitchen knife to carve a zigzag pattern along the edge of the plinth.

Fixez les yeux, les aigrettes et les pattes avec de la colle. Si vous le désirez, vous pouvez vider la pastèque derrière les cygnes pour obtenir une coupe. Vous pouvez faire de même pour le socle. Taillez le bord du socle en zigzag à l'aide du couteau de cuisine.

Fissare occhi, cresta e zampe con la colla. Volendo è possibile scavare la polpa dietro ai cigni e nella base in modo da creare un contenitore cavo. Decorare l'orlo della base dentellandolo con il coltello da cucina.

1

Werkzeug: Küchenmesser, Ausstecher in Blattform.

Tools: kitchen knife, leaf-shaped cutter.

Outils: couteau de cuisine, découpoir en forme de feuille.

Utensili: coltello da cucina, stampini a forma di foglia.

2

Links und rechts der Melone der Länge nach die Mitte kennzeichnen. Eine Hälfte mit dem Küchenmesser schälen.

Denote the middle of the fruit lengthways down the right and left of the melon. Use the kitchen knife to peel one half.

Marquez le milieu sur toute la longueur à gauche et à droite de la pastèque. Pelez une moitié au couteau de cuisine.

Separare visivamente l'anguria a metà per il lungo tracciando due linee laterali sui bordi a sinistra e a destra. Sbucciare una delle due metà con il coltello da cucina.

3

Mit dem Blatt-Ausstecher ins Fruchtfleisch Blattformen drücken. Die einzelnen Blätter gleichmässig anordnen.

Press the leaf-shaped cutter into the flesh to make leaf shapes. Arrange these regularly.

Marquez des formes de feuilles dans la pulpe à l'aide du découpoir en forme de feuille. Agencez les feuilles bien régulièrement.

Imprimere nella polpa le forme delle foglie mediante gli stampini, disponendole in bell'ordine.

4

Mit dem Küchenmesser die Mittel- und Blattrippen einkerben. Das rote Fruchtfleisch muss sichtbar werden.

Use the kitchen knife to carve the centre and side leaf ribs. The red flesh must become visible.

Au couteau de cuisine, incisez les nervures. La pulpe rouge doit apparaître.

Incidere con il coltello da cucina le diverse nervature delle foglie, mettendo in evidenza la polpa rossa del frutto.

5

Die Blätter rundherum bis auf das rote Fruchtfleisch frei schälen, so entstehen schöne Farbeffekte.

Peel the surface around the leaves until the red flesh is revealed to create beautiful colour effects.

Enlevez la pulpe sur le pourtour des feuilles, faisant apparaître la pulpe rouge. Ainsi, vous obtenez de beaux effets de couleur.

Eliminare la buccia attorno alle foglie affinché sia visibile la polpa rossa. Si otterranno così interessanti effetti di colore.

Mr. Carving

Zur Abwechslung Punkt 2 weglassen und Ausstecher auf grüner Schale eindrücken!

To introduce a little variety simply skip step 2 and press the cutter into the green rind!

Pour varier, vous pouvez sauter le point n° 2 et utiliser le découpoir directement sur l'écorce verte.

Per cambiare, saltate il punto 2 e inserite gli stampini direttamente nella buccia verde.

Effektvolle Werbung
Effective advertising
Une publicité qui fait son effet
Pubblicità ad effetto

Wahrscheinlich besitzen Sie ja keine Wassermelonen-Plantage. Aber ob Metzger, Geigenbauer, Konzertveranstalter oder Koch – mit Früchteschnitzereien können Sie Werbung machen, die auffällt.

It is very unlikely that you own a melon plantation. However, carved fruit decorations can be a striking way of advertising for butchers, violin-makers, concert organisers or cooks alike!

Il est peu probable que vous possédiez une plantation de pastèques. Mais que vous soyez boucher, luthier, organisateur de concerts ou chef de cuisine, la sculpture de fruits vous permet de réaliser une publicité que l'on remarque.

Molto probabilmente non disponete di una piantagione di angurie. Ma comunque sia, l'intaglio nella frutta vi permette di creare una pubblicità che è impossibile non ammirare – sia che facciate il macellaio, il liutaio, il concertista o il cuoco!

Nur das beste Material ist gut genug und ermöglicht eine perfekte Umsetzung der Vorstellungen. Machen Sie es wie Xiang Wang und suchen Sie sich die entsprechende Frucht für das ausgewählte Sujet. Die richtige Grösse, die ideale Form, der optimale Reifegrad sind ausschlaggebend für das Gelingen. Übrigens, Sie müssen kein Künstler sein, um massgeschnitzte Werbung zu machen. Je nach Wahl des Sujets reichen bereits ein bisschen Talent, Konzentration und viel Spass an der Sache. Xiang Wang als Profi steht Ihnen in seinen Kursen gerne zur Seite!

Only the best material is good enough and will allow you to make your ideas become reality. Follow Mr. Wang's example and choose the fruit in accordance with your chosen subject. Correct fruit size, ideal shape and just the right degree of ripeness are key factors for success. You don't need to be a master of the art of carving to advertise successfully. Depending on your choice of subject, a little talent and concentration coupled with enjoyment will be enough. Xiang Wang is a true professional and is pleased to offer participants on his courses all the necessary help!

Seul le matériau le meilleur doit vous suffire: c'est uniquement ainsi que vous pourrez réaliser vos idées à la perfection. Faites comme Xiang Wang – cherchez le fruit qu'il vous faut en fonction du sujet que vous avez choisi. La taille, la forme et la maturité doivent convenir parfaitement. C'est essentiel pour une bonne réussite. Il n'est pas nécessaire que vous soyez un grand artiste pour créer votre publicité sur mesure. Selon le choix du sujet, il vous suffira d'un peu de talent, de concentration et de plaisir à l'ouvrage. Xiang Wang, le professionnel, vous assistera volontiers dans le cadre de ses cours!

Solo il materiale migliore è adatto a realizzare perfettamente le vostre idee di intaglio. Fate come Xiang Wang e cercate il frutto giusto per realizzare il soggetto che avete in mente. La dimensione giusta, la forma ideale, il grado di maturazione più indicato sono aspetti essenziali per la riuscita dell'intaglio. In fondo non occorre essere grandi artisti per crearsi una pubblicità «intagliata» su misura: a seconda del soggetto, spesso bastano un po' di talento, concentrazione e piacere nell'esecuzione dell'oggetto. Se lo desiderate, Xiang Wang sarà accanto a voi per guidarvi con mano maestra in uno dei suoi corsi!

METAM
ernationale Musik
ochen Luzern

Kiwi

Die drollige «Pflanzenmaus», so nennen die Franzosen die süsse Frucht mit der pelzigen, braunen Schale. Auch wenn Kiwis heute schon bei uns im Garten wachsen, ist Neuseeland nach wie vor der grösste Produzent weltweit. Da sich die Erntezeiten in den verschiedenen Anbauländern überschneiden, ist die Kiwi das ganze Jahr über erhältlich. Das in ihr enthaltene eiweissspaltende Enzym verträgt sich schlecht mit Milchprodukten und Gelatine, dafür umso besser mit Fleisch, das durch ihren Saft wunderbar zart und mürbe wird. Ausserdem hat Kiwi den höchsten Vitamin-C-Gehalt aller Zitrusfrüchte. Kiwis werden immer hart gepflückt und reifen erst auf dem Transport und im Lager nach. Zum Essen schmecken sie nur im absolut reifen, weichen Zustand. Zum Schnitzen allerdings suchen Sie sich besser harte Exemplare mit leuchtend smaragdgrünem Fruchtfleisch aus.

Kiwi

The French call this sweet fruit with the furry brown skin the funny «plant mouse». Although kiwis grow in our own gardens nowadays, New Zealand is still the largest producer worldwide. As the harvesting seasons in the different kiwi growing countries overlap, the fruit is available all year round. It contains a protein splitting enzyme which does not agree well with dairy products or gelatine. It does, however, go very well with meat and the fruit's juices make it wonderfully soft and tender. Furthermore kiwi fruits are richer in vitamin C than any other citrus fruit. Kiwis are always harvested when hard and ripen further during carriage or storage. They only taste nice when they are completely ripe and soft. For carving, however, it is best to choose hard fruits with sparkling emerald green flesh.

Le kiwi

En France, on appelle ce drôle de fruit brun «souris végétale» – en allusion à son apparence pelucheuse. Bien que les kiwis poussent aujourd'hui aussi dans nos jardins, la Nouvelle-Zélande en demeure le plus grand producteur au monde. Etant donné que les saisons de récolte ne tombent pas au même moment d'un pays producteur à l'autre, les kiwis sont disponibles tout au long de l'année. Si l'enzyme dégradatrice de protéine qu'ils contiennent fait mauvais ménage avec les produits laitiers et la gélatine, elle n'en est que plus appropriée pour accompagner la viande, qu'elle rend merveilleusement tendre. En plus, le kiwi contient encore plus de vitamine C que les agrumes. On cueille toujours les kiwis tant qu'ils sont encore durs: ils mûrissent pendant le transport et le stockage. Ils ne sont bons à manger que lorsqu'ils sont vraiment mûrs et bien tendres. Pour la sculpture, par contre, vous choisirez de préférence les exemplaires fermes, à la pulpe vert émeraude.

Il kiwi

«Un topo vegetale» così i francesi hanno soprannominato il kiwi, frutto dalla bizzarra buccia pelosa. Anche se oggi questo frutto cresce bene anche nei nostri giardini, la Nuova Zelanda continua ad essere il maggiore produttore di kiwi al mondo. Sul mercato i kiwi si trovano tutto l'anno, visto che i periodi di raccolta dei diversi paesi produttori si sovrappongono parzialmente. L'enzima capace di scindere le proteine in essi contenuto va poco d'accordo con i prodotti caseari e la gelatina, ma si sposa alla perfezione con la carne, che con il succo diviene morbida e tenera. Inoltre il kiwi contiene più vitamina C degli agrumi.
I kiwi vengono raccolti ancora acerbi e maturano solo durante il trasporto e il magazzinaggio. Per il consumo devono essere assolutamente maturi e morbidi, ma per l'intaglio si consigliano i frutti ancora molto sodi, con la polpa di un brillante verde smeraldo.

1

1

◗ Mit dem Thaimesser von oben nach unten gleichmässig dünne Schalenstreifen abziehen, die am unteren Ende noch zusammenhängen. Die Schalenstreifen dürfen nicht beschädigt werden. Die Frucht braucht eine gleichmässige Oberfläche. Die einzelnen Schalenstreifen nach unten einbiegen und jeweils beim Ansatz des nächsten Streifens einstecken.

● Use the Thai knife to peel off regular narrow strips of skin from the top of the fruit downwards. Do not cut off at the end. The strip must remain attached at the bottom and must not be damaged. The surface of the fruit must be even. Fold the individual strips of skin inwards and tuck them in at the beginning of the next strip.

▼ A l'aide du couteau thaï, pelez bien régulièrement de haut en bas de fines lamelles de peau, de façon à ce qu'elles restent encore attachées au fruit sur le bas. Veillez à ne pas abîmer les lamelles. Le fruit doit présenter une surface régulière. Courbez les lamelles une par une vers le bas et coincez-les chacune au départ de la suivante.

■ Con il coltello thai sbucciare il kiwi dall'alto in basso in sottili strisce senza staccarle dalla base. Questi nastri di buccia devono assolutamente restare integri. Il frutto sbucciato deve presentare una superficie uniforme. Ripiegare la singole strisce di buccia al di sotto del frutto, una contigua all'altra alla base del picciolo.

2

2

◗ Das Fruchtfleisch kann in beliebige Formen geschnitten werden.

● The flesh can be cut into whatever shape you like.

▼ Vous pouvez découper la pulpe en formes variées, comme il vous plaira.

■ La polpa dei kiwi si presta a molteplici tipi d'intaglio.

2

◗ Die Schale von oben nach unten mit dem Thaimesser hauchdünn abschälen.

● Use the Thai knife to peel off an extremely thin layer of the skin from the top downwards.

▼ Pelez le fruit finement de haut en bas à l'aide du couteau thaï.

■ Con il coltello thai sbucciare in maniera sottilissima il frutto dall'alto verso il basso.

1

◗ Werkzeug: Küchenmesser, Thaimesser
Einen Deckel und einen Boden abschneiden. Der Stielansatz ist unten.

● Tools: kitchen knife, Thai knife
Cut off the top and bottom end of the fruit. The stalk joint is at the bottom.

▼ Outils: couteau de cuisine, couteau thaï
Coupez un couvercle et un fond. Le côté tige doit être en bas.

■ Utensili: coltello da cucina, coltello thai
Eliminare le due calotte, superiore e inferiore, del frutto. La base sarà quella dove stava l'attaccatura del picciolo.

3

◗ Mit dem Thaimesser von oben bis etwas mehr als in die Mitte tief zickzack einschneiden. Die untere «Hälfte» hat lange Spitzen und ist grösser als der obere Teil. Die Tiefe der Schnitte beträgt gut ¾ der Messerklinge.

● Use the Thai knife to cut a zigzag pattern from the top to just below the middle of the kiwi. The points of the zigzag pattern are longer in the bottom «half» which is altogether larger than the top. The cut should be at least ¾ of the knife blade in depth.

▼ Toujours au couteau thaï, coupez en zigzag du haut jusqu'à peu près au milieu. La «moitié» inférieure a de grandes pointes, et elle est plus grande que la partie supérieure. Les entailles sont d'une profondeur qui correspond au moins à ¾ de la lame du couteau.

■ Incidere mediante il coltello thai una profonda dentellatura dall'alto a circa la metà del frutto. La metà inferiore sarà più grossa e presenterà punte più lunghe dell'altra. L'incisione è profonda circa ¾ della lama del coltello.

4

◗ Den oberen Teil vorsichtig abheben.

● Lift off the top end gently.

▼ Otez prudemment la partie supérieure.

■ Sollevare delicatamente la parte superiore.

5

◗ Innen den Zacken entlang ca. 1½ cm tief einschneiden. Auf der Aussenseite einen Spitz einkerben und den grösseren Teil herausklappen.

● On the inside, cut about 1½ cm deep into the flesh along the zigzags. Carve a point on the outside and fold the larger part out.

▼ A l'intérieur, le long des pointes, faites une incision d'environ 1½ cm de profondeur. A l'extérieur, taillez une pointe et rabattez la partie la plus grande vers l'extérieur.

■ All'interno, praticare delle incisioni profonde ca. 1½ cm lungo la dentellatura. Sullo strato esterno praticare degli intagli a zigzag e allargare verso l'esterno le parti più grandi.

6

◗ Aus Fruchtfleisch Blätter zur Dekoration schnitzen.

● Carve decorative leaves out of the flesh.

▼ Pour décorer, découpez des feuilles dans de la pulpe.

■ Intagliare delle foglie dalla polpa di un frutto per decorare i fiori.

Kunstwerke aus Papaya

Die Papaya ist eine ideale Schnitzfrucht. Je nach Farbe und Grösse eignet sie sich sowohl für kleinere Dekorationen wie auch für wahre Kunstwerke, die verblüffen und jedes Buffet aufwerten. Die Papaya gehört zu den Melonenbaumgewächsen. Ausgereifte Früchte isst man fast überall auf der Welt als Obst. Grüne, noch unreife Papayas werden in ihren Heimatländern gerne als Gemüse, ähnlich wie Kürbisse, zubereitet. Es gibt sie in allen Grössen und Formen, von klein und rundlich bis zu Schwergewichtigen mit 3 kg; in den europäischen Handel gelangen jedoch fast ausschliesslich die kleineren Exemplare.

Works of art made out of papayas

The papaya is ideal for carving. Depending on its colour and size it is suitable for small decorations or truly stunning works of art, which enhance any buffet. The papaya belongs to the tree melon family of plants. Ripe papayas are eaten almost everywhere in the world as a fruit. In their homelands, green, unripe fruits are often prepared like pumpkins and eaten as a vegetable. They come in all shapes and sizes ranging from the small and roundish variety to large 3 kg heavyweights. However, in Europe usually only the small varieties are available.

Créations à base de papaye

La papaye se prête admirablement à la réalisation de sculptures. Suivant sa couleur et sa forme, elle convient aussi bien aux petites décorations qu'aux véritables œuvres d'art, qui impressionneront les convives et mettront tout buffet en valeur. La papaye est le fruit du papayer, que l'on appelle également arbre à melon. On savoure les fruits mûrs dans le monde entier, et les papayes vertes sont préparées comme légume – un peu comme des potirons – dans leurs pays d'origine. Elles existent en toutes sortes de tailles et de formes, des petites papayes rondes aux poids lourds de 3 kg. Le commerce européen ne propose cependant presque que les petites variétés.

Opere d'arte a base di papaya

La papaya è un frutto ideale da intagliare. A seconda della dimensione e del colore, la papaya è adatta sia per realizzare piccole decorazioni, sia per creare vere proprie opere d'arte capaci di lasciare tutti a bocca aperta e di conferire quel tocco in più a qualsiasi buffet. La papaya fa parte della famiglia delle caricacee e in tutto il mondo si consumano i suoi frutti quando sono maturi, ma nella loro patria d'origine essi vengono apprezzati anche acerbi e cucinati come verdura, al pari delle zucche. La loro forma e dimensione è variabile: ci sono esemplari piccoli e tondeggianti, come pure enormi, da 3 kg circa l'uno. Sui mercati dei paesi occidentali, tuttavia, arrivano quasi esclusivamente gli esemplari di dimensione più contenuta.

Das Fleisch der reifen Papaya ist sehr saftig und von mild-süssem Geschmack. Etwas Säure verstärkt das Aroma. Deshalb werden Papayas – auf Teller angerichtet – meistens mit einem Limetten- oder Zitronenschnitz serviert.

The flesh of a ripe papaya is very juicy and has a mild, slightly sweet flavour. Adding a little sharpness intensifies the flavour. This explains why papayas, when served on a plate, are usually accompanied by a sliver of lemon or lime.

La pulpe des papayes mûres est très juteuse, d'un goût délicatement sucré qui gagne à être relevé par une pointe d'acidité. C'est pourquoi les papayes sont volontiers servies – sur une assiette – avec un quartier de citron ou de citron vert.

La polpa della papaya matura è molto succosa e moderatamente dolce. Il suo aroma viene esaltato se associato a una lieve acidità. Per questo le papaya vengono accompagnate quasi sempre da uno spicchio di limette o di limone.

1

◗ Werkzeug: Küchenmesser, gerillte Meissel Nrn. 5 und 7
Den oberen Teil der Papaya wegschneiden, daraus wird die Blume geschnitzt.

● Tools: kitchen knife, fluted chisels numbers 5 and 7.
Cut off the top end of the papaya. This will be carved into a flower.

▼ Outils: couteau de cuisine, burins cannelés n° 5 et 7
Couper la partie supérieure de la papaye, qui servira à sculpter une fleur.

■ Utensili: coltello da cucina, scalpelli scanalati no. 5 e 7.
Eliminare la parte superiore della papaya che servirà per la realizzazione del fiore.

2

◗ Mit dem grössten gerillten Meissel von aussen nach innen rundherum dünne Blattformen einschneiden und weglösen.

● Use the largest fluted chisel to cut and detach thin petal shapes from the outside inwards all the way round.

▼ Avec le plus grand des burins cannelés, découpez et détachez de fins pétales de la périphérie vers le centre.

■ Con lo scalpello scanalato più grande incidere e staccare tutto attorno al frutto delle sottili lamelle, procedendo dall'esterno verso l'interno.

3

◗ Die Blütenblätter nicht zu dünn nachschnitzen. Mit dem Küchenmesser das Fruchtfleisch darunter wegschneiden, um das Blatt freizustellen. Masse rund wegschneiden.

● Do not carve out the petals too thinly. Use the kitchen knife to remove the flesh underneath to expose the petal. Cut the mass off in a curve.

▼ Finissez le contour des pétales sans les couper trop fins, puis enlevez au couteau la pulpe sous les pétales, pour que ceux-ci se détachent bien. Découpez l'excès en suivant la courbe du fruit.

■ Rifinire in seguito i petali del fiore, badando a non renderli troppo esili. Eliminare man mano la polpa sotto i petali con il coltello da cucina. Procedere in tondo eliminando le parti superflue.

4

◗ Versetzt zur ersten eine zweite Blätterreihe schnitzen. Den inneren Teil immer wieder wegschneiden, damit eine ebenmässig runde Form entsteht.

● Carve a second row of petals staggered to the first one. Continue to remove the inner part ensuring the creation of an evenly rounded shape.

▼ Sculptez la deuxième rangée de façon à ce qu'elle soit décalée par rapport à la première, et ôtez toujours la partie intérieure pour obtenir une forme ronde bien régulière.

■ Intagliare una seconda fila di petali, disponendola sfalsata rispetto alla prima. Eliminare sempre la parte interna per ottenere una forma rotonda uniforme.

3

4

5

5

◗ Mit dem kleineren Meissel Schritte 2 bis 4 wiederholen. Je weiter innen, desto tiefer der Schnitt.

● Take the smaller chisel and repeat steps 2 to 4. Cut deeper as you get closer to the centre.

▼ Répétez les gestes 2 à 4 avec le plus fin des deux burins. Plus vous progressez vers le centre, le plus les incisions deviennent profondes.

■ Con lo scalpello più piccolo ripetere le operazioni da 2 a 4. Quanto più vi avvicinate all'interno, tanto più profondamente dovrete incidere.

6

- Aus grüner Schale ein rundes Stück ausschneiden.
- Cut a circle out of the green peel.
- Découpez un morceau rond de peau verte.
- Ritagliare un tondino dalla buccia verde.

7

- Das runde Stück mit Klebstoff oder Zahnstocher in der Mitte der Blume befestigen.
- Use glue or a toothpick to attach the circle in the centre of the flower.
- Fixez le morceau rond au centre de la fleur à l'aide de colle ou d'un cure-dents.
- Applicare il cerchio al centro del fiore usando colla o uno stecchino.

Mr. Carving

Kleinere Früchte, die in Europa das ganze Jahr über erhältlich sind, eignen sich gut für geschnitzte Dekorationen in Blumenform. Je grösser eine Frucht, desto mehr Raum lässt sie zum Schnitzen. Die thailändische Papaya ruft dank der Form und Grösse geradezu nach Ihrer Kreativität. Was man alles aus dieser tropischen Frucht zaubern kann, zeigt Ihnen dieses Kapitel.

The small fruits, which are available in Europe throughout the year, are very suitable for creating carved, flower-shaped decorations. Larger fruits provide a bigger surface for carving. Due to its shape and size the Thai papaya simply calls out for your creativity. The range of things which can be conjured from this fruit is shown in this chapter.

Les petites papayes que l'on obtient toute l'année en Europe sont idéales pour l'exécution de décorations sculptées en forme de fleurs. Plus le fruit est grand, plus il laisse de liberté au sculpteur. Ainsi, par sa forme et sa taille, la papaye thaïlandaise vous appelle littéralement à donner libre cours à votre talent. Ce chapitre vous montre la richesse du potentiel artistique de ce fuit exotique.

I frutti di dimensioni più contenute, quelli che si trovano in Europa tutto l'anno, sono perfetti per intagli decorativi a tema floreale. Più grosso sarà il frutto e maggiore sarà la superficie da scolpire secondo la fantasia. La papaya tailandese, con la sua dimensione e la sua forma particolare, non aspetta altro che di diventare il soggetto della vostra creatività. Questo capitolo vi mostra tutto ciò che si può realizzare con questo frutto tropicale.

1

◗ Werkzeug: Küchenmesser, Thaimesser, Meissel in verschiedenen Grössen

● Tools: kitchen knife, Thai knife, chisels in several sizes

▼ Outils: couteau de cuisine, couteau thaï, plusieurs burins de tailles différentes

■ Utensili: coltello da cucina, coltello thai, scalpelli di diverse misure

2

◗ Am dünnen Teil der Frucht mit dem Thaimesser in einem Dreieck 3 tiefe runde Kerben – die Körper der Rosen – formen.

● Use the Thai knife to carve three deep circular grooves – the body of the roses – to form a triangle at the narrow end of the fruit.

▼ Sur la partie plus étroite du fruit, taillez profondément au couteau thaï trois cercles disposés en triangle: ce seront les rosettes.

■ All'estremità più piccola del frutto praticare con il coltello thai 3 profonde incisioni circolari disposte a triangolo – le lavorerete a forma di rose.

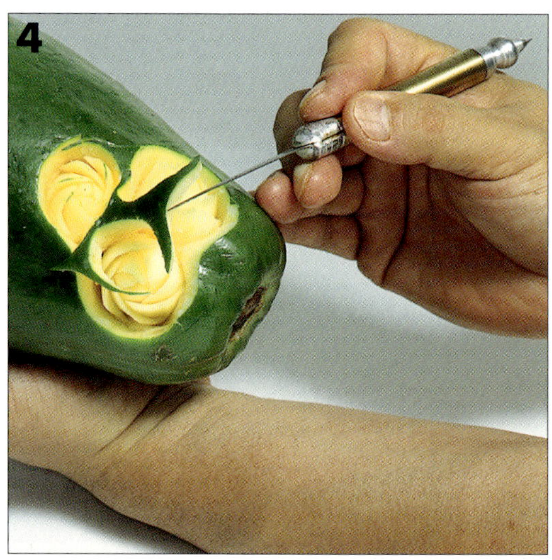

3

◗ Aus den einzelnen Kreisen Rosenknospen schnitzen (siehe Seiten 118+119).

● Carve the individual circles into rose buds (see pages 118+119).

▼ Sculptez un bourgeon de rose dans chaque rond (voir pages 118 et 119)

■ Dai singoli cerchi intagliare i boccioli di rosa (procedimento vedi pagine 118 + 119)

4

◗ Die Zwischenräume sorgfältig auslösen, damit die Rosen frei stehen. Die äussere Form sauber nachschneiden.

● Carefully carve out the gaps to expose the roses. Cut cleanly along the outline of the shape.

▼ Creusez soigneusement le fruit autour des rosettes pour bien détacher ces dernières du fond. Redécoupez les contours bien proprement.

■ Eliminare delicatamente le parti intermedie, in modo che le rose ne emergano in rilievo. Rifinire la forma esterna.

6

Mit dem U-Meissel Nr. 2 dem seitlichen und oberen Rand entlang tief einstechen.

Press U-shaped chisel number 2 deep into the fruit along the side and top edges.

Faites une découpe en profondeur le long du contour latéral et supérieur, pénétrant profondément avec le burin n° 2 en forme de U.

Infilare ripetutamente lo scalpello a U no. 2 profondamente nella polpa seguendo i bordi laterali e quello superiore.

5

Die äusseren Ränder mit dem Thaimesser zickzack schneiden.

Use the Thai knife to cut a zigzag pattern along the outer edges.

Découpez les contours extérieurs en zigzag à l'aide du couteau thaï.

Con il coltello thai creare una dentellatura sugli orli esterni alle rose.

7

Anhängend an die Rosen von unten nach oben mit dem V-Meissel Blätter einritzen. Es soll ein Zweig mit 4 Blättern entstehen.

Use the V-shaped chisel to carve leaf shapes from the bottom right up to the roses. The aim is to carve a branch with four leaves.

A partir des roses, esquissez quatre feuilles en incisant le fruit du bas vers le haut à l'aide du burin en forme de V.

Con lo scalpello a V incidere delle foglie partendo dall'insieme delle rose, procedendo dal basso in alto, per ottenere un ramo di 4 foglie.

8

Die Blattränder zacken. Blattumrisse einschneiden und freistellen. Mit dem Küchenmesser die Blattrippen und Adern einkerben.

Zigzag the edges of the leaves. Cut around the leaf outlines and expose them. Use the kitchen knife to carve leaf ribs and veins.

Découpez les contours des feuilles en zigzag et dégagez-les. Dessinez les nervures à l'aide du couteau de cuisine.

Dentellare gli orli delle foglie. Inciderne poi i bordi tutto attorno (per poi liberarle dal resto di frutto). Incidere sulle foglie le nervature centrali e laterali.

10

Den abgeschnittenen Teil zur Weiterverarbeitung in der Form eines Deckels schräg zuschneiden. An die Frucht halten, um die Form zu kontrollieren.

Cut the top of the fruit, which was removed earlier, diagonally into the shape of a lid before processing it further. Hold it against the fruit to check the shape.

Taillez le morceau enlevé en biais pour former un couvercle. Tenez-le contre le fruit pour contrôler la forme.

La parte di frutto eliminata viene ora tagliata diagonalmente per formare un coperchio. Controllarne la forma appoggiandolo sul frutto man mano che si lavora.

9

Blätter bis in die Hälfte der Frucht tief einschneiden, um sie freizustellen. Am besten funktioniert das mit dem Thaimesser. Bei Bedarf nochmals nachschneiden. Anschliessend mit dem grossen Rundmeissel die obere Hälfte ablösen. Zum Füllen die Frucht etwas aushöhlen.

Cut around the leaves halfway into the fruit to expose them. The Thai knife is best suited for this task. Cut again if necessary. Then detach the upper half using the large round chisel. Hollow the fruit out a little to make room for a filling.

Dégagez complètement les feuilles en faisant une entaille profonde jusqu'à la moitié du fruit, de préférence avec le couteau thaï. Le cas échéant, corrigez la découpe. Détachez ensuite la moitié supérieure à l'aide du grand burin rond. Creusez un peu le fruit pour le remplissage.

Intagliare profondamente fino alla metà del frutto le foglie ottenute per separarle dal resto della polpa. Questa operazione si compie al meglio con il coltello thai. Se necessario ripassare ancora gli intagli. Con lo scalpello rotondo grande staccare in seguito la metà superiore del frutto. Scavare leggermente nella polpa della base per usarla come coppa.

11

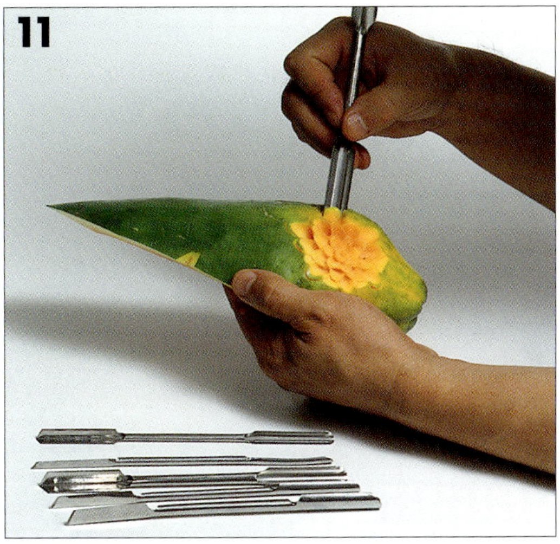

Am runden Ende eine Blume, z. B. eine Dahlie, schnitzen (Lehrbuch Wang Nr. 1, Lektion 5). Dabei die Blütenblätter versetzt anbringen. Nach aussen sollen die Blätter grösser werden, Meissel entsprechend auswählen. Die Blütenblätter freistellen.

Carve a flower, for example a dahlia (Wang textbook number 1, lesson 5) on the round end. Carve the petals staggered. The petals should become larger towards the outside. Choose chisel accordingly. Expose the petals.

Sur le bout rond, sculptez une fleur – par exemple un dahlia (manuel Wang n° 1, leçon 5), en formant des pétales décalés d'une rangée à l'autre. Vers l'extérieur, les pétales doivent être plus grands; choisissez toujours le burin approprié. Dégagez les pétales.

Sull'estremità più tondeggiante del coperchio intagliare un fiore, p. es. una dalia (vedi Manuale Wang no. 1, lezione 5). I petali non vanno allineati, bensì alternati e devono essere più grandi verso l'esterno (scegliere lo scalpello più consono allo scopo). Lavorare i singoli petali a rilievo nella polpa.

12

Rund um die Blume zum Rand hin tiefe Rillen einkerben.

Carve deep grooves from the flower to the edge all the way round.

Tout autour de la fleur, vers le bord, faites des entailles profondes.

Praticare profonde incisioni a raggiera attorno al fiore fino al bordo del coperchio.

13

Den fertig geschnitzten Deckel an die Frucht halten, um ihn richtig zu platzieren und allenfalls Fehler zu beheben.

Once carving is complete, hold the lid against the fruit to position it correctly and remedy defects if necessary.

Tenez le couvercle fini contre le fruit, pour pouvoir bien le placer et corriger des fautes éventuelles.

Una volta terminato il coperchio, sistemarlo sul frutto e correggere eventuali errori.

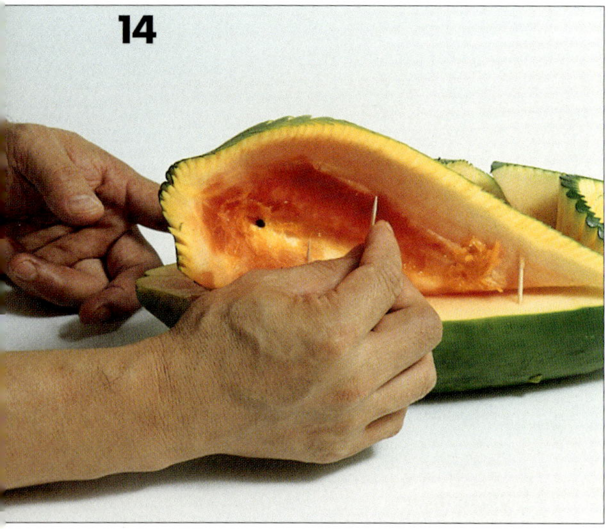

14

Der geschnitzte Deckel wird mit Zahnstochern an der linken Seite der Schale befestigt. Die Schale unten für einen besseren Halt etwas flach schneiden.

The carved lid is attached to the bowl on the left-hand side using toothpicks. Cut the bottom of the bowl to create a flat surface for it to stand on.

Fixez le couvercle ciselé à l'arrière de la coupe à l'aide de cure-dents. Coupez le fond de la coupe à plat pour qu'elle tienne mieux sur une surface plane.

Fissare il coperchio intagliato sulla parte sinistra della coppa di papaya aiutandosi con degli stecchini. Per renderla più stabile, tagliare leggermente il fondo della coppa.

Mr. Carving

Für dieses Kunstwerk braucht es eine grosse Frucht, wie die thailändische Papaya auf dem Bild. Eine grosse Zucchetti eignet sich ebenfalls sehr gut.
Halten Sie die Papaya fest in einer Hand, während Sie mit der anderen das Messer führen. Vielleicht arbeitet es sich leichter, wenn Sie dazu stehen. So haben Sie auch die bessere Übersicht über Ihr Werk. Denn diese Früchteschale ist echte Schnitzkunst!
Bei grossen Schaustücken dieser Art zeigt sich das Handwerk. Es lohnt sich, die einzelnen Techniken wie Blumen, Blätter usw., die Sie am besten in einem Kurs erlernen (s. S. 190), an kleineren Objekten möglichst oft zu üben. Denn kein Meister ist vom Himmel gefallen…

To complete this work of art you will need a large fruit such as the Thai papaya shown in the picture. A large courgette is also very suitable.
Hold the papaya firmly in one hand while using the other hand to cut and carve. It might be easier to work while standing up. This also enables you to see your work more clearly. After all, this fruit bowl is without a doubt a sculpted work of art! Large show-pieces like this give you an opportunity to show off your skill. The individual techniques such as flowers, leaves, etc. are best learnt on a course (see page 190) and it is well worth practising them on smaller objects. Because, as we all know, practice makes perfect!

Pour cette pièce artistique, il faut un grand fruit comme la papaye thaïlandaise de l'illustration. Une grande courgette convient également très bien. Tenez fermement la papaye d'une main, tandis que vous menez le couteau de l'autre. Peut-être pourrez-vous travailler plus facilement en position debout. Ainsi, vous aurez aussi une meilleure vue d'ensemble de votre œuvre. Car cette coupe fruitée est décidément un chef-d'œuvre sculpté! L'habilité se manifeste particulièrement dans la réalisation de grandes pièces de décoration. Cela vaut la peine de s'exercer souvent, sur des ouvrages plus modestes, aux différentes techniques – par exemple la sculpture de fleurs, de feuilles, etc. – que l'on apprend le mieux dans le cadre d'un cours (voir page 190). Sachez que la perfection ne tombe pas du ciel.

Per realizzare quest'opera d'arte occorre un frutto piuttosto grosso, come la papaya tailandese raffigurata in foto. Ma anche una zucchina molto grossa può servire egregiamente allo scopo. Tenete ben salda la papaya con una mano mentre con l'altra incidete i motivi. Il lavoro diventa più facile se lo svolgete stando in piedi: questo vi permette anche di valutare meglio l'aspetto generale della vostra opera. Perché questa coppa di frutta è un vero capolavoro di arte dell'intaglio! L'abilità dell'intagliatore si rivela proprio nei modelli di grandi dimensioni come questo. Vale la pena quindi esercitare il più spesso possibile su frutti più piccoli le varie tecniche di intaglio, come fiori, foglie, ecc., che potrete padroneggiare al meglio dopo aver frequentato un corso (vedi pag. 190). Perché nessuno è mai nato maestro!

Avocado, die Butter des Waldes

Ob birnenförmig, länglich oder eher rund, von hellgrün bis auberginefarbig und braun, mit glatter, glänzender, genoppter oder geriffelter Haut – die seit Jahrtausenden entwickelte Veredelung dieser Frucht bringt heute bis über 400 Sorten weltweit. «Butter des Waldes» nannten sie die Einheimischen ihrer mittel- und südamerikanischen Heimat. Und als «Wunderfrucht» wurde sie etwa von den Azteken als Nahrungsmittel verehrt und geschätzt. Die Avocado als Obst und Gemüse zugleich hat bis heute nichts von ihrem Wohlgeschmack und Nährwert verloren.

Avocado, the butter of the forest

Whether it is pear-shaped, longish or rounded, from light green to aubergine and brown with a smooth, shiny, knobbly or ribbed skin, the improvement of this fruit through thousands of years has resulted in over 400 varieties world-wide. The natives of Central and South America, the fruit's homeland, called it the «butter of the forest». And the Aztecs worshipped and valued this «wonder fruit» as a source of nourishment. Avocados, both as a vegetable or a fruit, have to this day lost none of their delicious flavour and nutritional value.

L'avocat, beurre des forêts

En forme de poire, oblong ou presque rond, vert clair, aubergine ou brun, à la peau lisse, brillante, granuleuse ou cannelée – ce fruit cultivé depuis des millénaires existe aujourd'hui en plus de 400 variétés à travers le monde. Les habitants de sa région d'origine en Amérique centrale et du sud l'appelaient «beurre des forêts», et les Aztèques l'appréciaient et le vénéraient comme leur «fruit magique». Jusqu'à nos jours, l'avocat, qui est tout à la fois fruit et légume, n'a rien perdu de sa saveur ni de ses qualités nutritionnelles.

L'avocado, burro dei boschi

Gli oltre 400 tipi di avocado coltivati e consumati oggi in tutto il mondo – a forma di pera, allungati o tondeggianti, dal verde chiaro fino al color melanzana o al marrone, con la buccia liscia, brillante, increspata o scanalata – sono il risultato di incroci e innesti iniziati migliaia di anni fa e volti a migliorare ulteriormente questo già eccellente frutto. «Burro dei boschi», così veniva chiamato l'avocado dagli indigeni della sua terra natìa, l'America centrale e del Sud. Gli Aztechi lo tenevano in alta considerazione come alimento, ritenendolo un «frutto miracoloso». A tutt'oggi, l'avocado, consumato come frutta o come verdura, ha mantenuto intatti sapore e valore nutritivo.

1

Schnitzmeissel Nrn. 4/3/1, Thaimesser, Küchenmesser. Von der Avocado einen Deckel abschneiden.

Carving chisels numbers 4/3/1, Thai knife, kitchen knife. Cut off a lid from the top of the avocado.

Burins n° 4/3/1, couteau thaï, couteau de cuisine. Découpez un couvercle.

Scalpelli nn 4/3/1, coltello thai, coltello da cucina. Tagliare un'estremità dell'avocado per il coperchio.

2

Einen Boden abschneiden, damit die Frucht gerade steht. Die Avocado mit dem Thaimesser schälen, dabei auf eine schöne, runde und gleichmässige Form achten.

Cut off the bottom of the fruit so that it can stand upright. Use the Thai knife to peel the avocado taking care to create a beautiful, round and even shape.

Découpez un fond, pour que le fruit tienne debout. Pelez l'avocat à l'aide du couteau thaï, en veillant à réaliser une belle forme ronde et régulière.

Tagliare la base del frutto per renderlo stabile. Sbucciare l'avocado con il coltello thai badando a creare una forma gradevole e uniformemente tondeggiante.

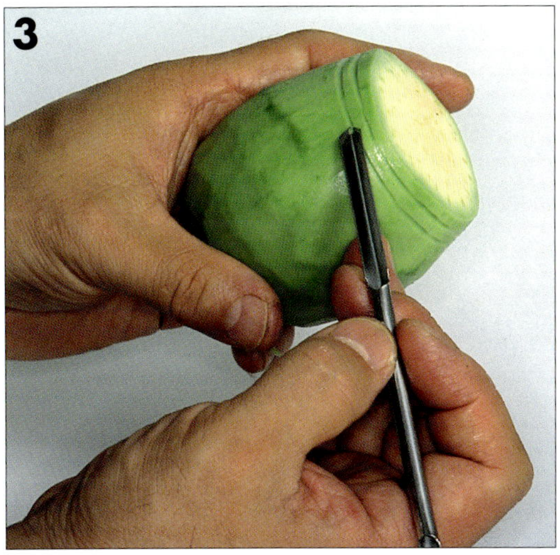

3

Am oberen Rand im Abstand von 2 mm mit dem V-Meissel Nr. 1 zwei schmale Rillen einkerben. Mit dem Thaimesser die Rillen vertiefen.

Carve two narrow grooves along the top edge using V-shaped chisel number 1. The distance between the grooves should be 2 mm. Use the Thai knife to deepen the grooves.

Avec le burin n° 1 en forme de V, faites deux rainures autour du fruit, près du bord supérieur, à 2 mm l'une de l'autre. Approfondissez les rainures à l'aide du couteau thaï.

A 2 mm dal bordo superiore incidere due sottili solchi con lo scalpello a V no. 1. Renderli più profondi ripassando con il coltello thai.

4

Mit dem Thaimesser der unteren Kerbe entlang eine dünne Schicht entfernen.

Use the Thai knife to remove a thin layer along the lower groove.

Otez une fine couche le long du sillon inférieur avec le couteau thaï.

Eliminare un sottilissimo strato di polpa con il coltello thai seguendo il solco inferiore.

5

▾ In den ersten oberen Rand mit dem Thaimesser Kerben einschneiden. Ebenso in die 2. Bordüre; die Kerben versetzt zur ersten Reihe anbringen.

● Use the Thai knife to cut notches in the top border. Do the same in the lower border taking care to cut the notches staggered to those in the top border.

▼ Coupez des crans dans le premier bord du haut à l'aide du couteau thaï. Faites de même pour la deuxième bordure, en décalant les crans par rapport à la première rangée.

■ Con il coltello thai praticare piccole incisioni lungo il solco superiore. Continuare nel bordo inferiore badando però a disporre le incisioni in modo alternato rispetto a quelle del bordo superiore.

6

▾ Mit dem Schnitzmeissel Nr. 3 gerade einstechen und so Schuppen formen.

● Use carving chisel number 3 and press it straight into the fruit to form scales.

▼ Formez des écailles en enfonçant perpendiculairement le burin n° 3.

■ Con lo scalpello no. 3 incidere perpendicolarmente al frutto per formare delle scaglie semicircolari.

7

▾ Die Rillung darunter mit dem Thaimesser ganz dünn abschneiden.

● Remove a very thin layer of the grooved section below using the Thai knife.

▼ Enlevez une fine lamelle en dessous à l'aide du couteau thaï.

■ Eliminare delicatamente la polpa al di sotto delle incisioni con il coltello thai perché assumano rilievo.

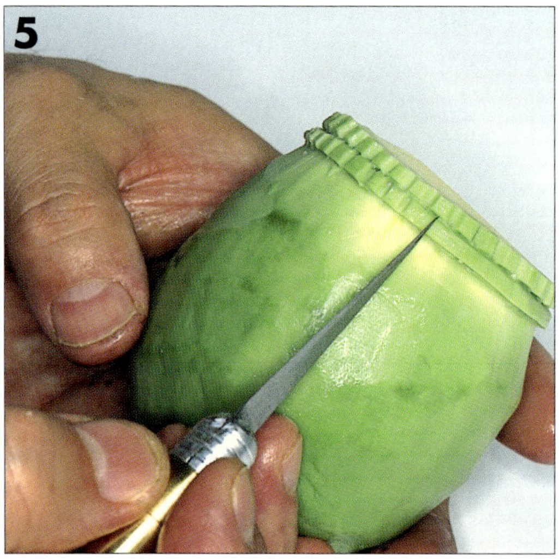

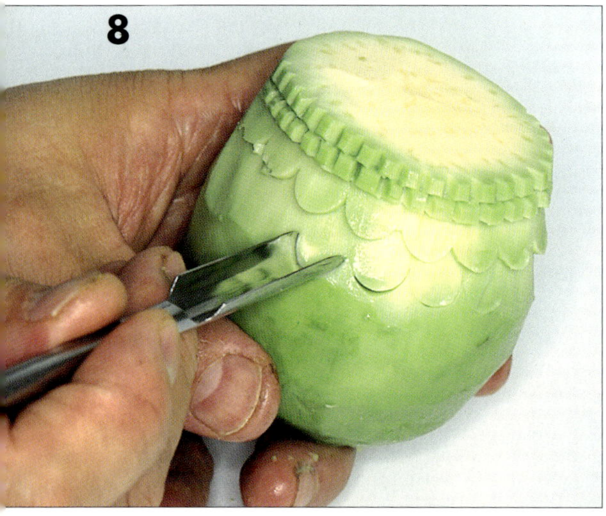

8

▾ Die nächste Schuppenreihe versetzt zur oberen anbringen, wieder eine dünne Schicht ablösen. Ab jetzt mit dem Schnitzmeissel Nr. 4 arbeiten, damit grössere Schuppen entstehen. Den Meissel in einem horizontalen Winkel einstechen.

● Cut the second row of scales staggered to the first and then detach another thin layer. Work with chisel number 4 from now on to create larger scales. Press the chisel in at a horizontal angle.

▼ Réalisez la prochaine rangée d'écailles de façon à ce qu'elle soit décalée par rapport à la première, et enlevez de nouveau une fine couche. A partir de là, continuez avec le burin n° 4 pour former de plus grandes écailles. Le burin doit pénétrer dans un angle horizontal.

■ Incidere una seconda serie di scaglie al di sotto della prima alternandole e togliendo nuovamente uno strato sottilissimo di frutto. Lavorare con lo scalpello no. 4 per realizzare scaglie più grandi. Inserire lo scalpello orizzontalmente nel frutto.

9

▾ Bis ganz nach unten Schuppen schnitzen. In der untersten Reihe nach der letzten Schuppenschicht das Fruchtfleisch wegschneiden; auf eine schöne Rundung achten. Das Fässli kontrollieren und versäubern, unregelmässige Schuppen ausbessern.

● Continue to carve scales right to the bottom. When you reach the final row cut off the flesh below the final layer of scales. Make sure you cut it off in a beautiful curve. Examine the barrel and tidy it. Even out the scales.

▼ Taillez des écailles jusque tout en bas. Sous la dernière rangée d'écailles, découpez la pulpe de façon à obtenir une belle forme ronde. Vérifiez que le petit tonneau est bien réussi dans tous ses détails, perfectionnez l'une ou l'autre écaille si nécessaire.

■ Intagliare le scaglie fino al fondo del frutto. Al di sotto dell'ultima fila di scaglie, eliminare del tutto la polpa restante, badando a mantenere la forma tondeggiante. Controllare e rifinire l'aspetto della piccola botte ottenuta, correggere eventuali scaglie irregolari.

Mr. Carving

▾ *Die Schicht unter den Schuppen, die Rillung, muss wirklich ganz dünn abgeschält werden. Die Frucht wird nach dem Schälen schnell braun. Ungedingt sofort mit dem F-keep-fresh einsprayen!*

● *The layer below the scales, the grooved section, must be peeled off very thinly indeed. The fruit turns brown very quickly once it has been peeled. Spray with F-keep-fresh immediately!*

▼ *La couche que l'on enlève sous les écailles doit vraiment être très fine. Le fruit brunit rapidement après qu'on l'ait pelé. Il est donc nécessaire de vaporiser tout de suite F-keep-fresh!*

■ *Lo strato di polpa tolto al di sotto delle scaglie deve essere veramente molto sottile. Subito dopo che è stato sbucciato, l'avocado annerisce. Spruzzarlo perciò assolutamente con F-keep-fresh!*

10

▾ Den Deckelrand mit dem Thaimesser einzacken.

● Use the Thai knife to zigzag the edge of the lid.

▼ Taillez le bord du couvercle en zigzag à l'aide du couteau thaï.

■ Dentellare il bordo del coperchio con il coltello thai.

11

Unterhalb der Zacken mit dem Thaimesser eine dünne Kerbe einschneiden und den Deckel rund schälen. Die ursprüngliche Form muss erhalten bleiben.

Cut a narrow groove below the zigzags and peel all the way round the lid. Be sure to maintain the original shape.

Sous le bord cranté, faites une fine incision au couteau thaï et pelez le couvercle en rond. La forme originale doit être préservée.

Dalla dentellatura ottenuta praticare una leggera incisione con il coltello thai e sbucciare il coperchio seguendone la forma originale.

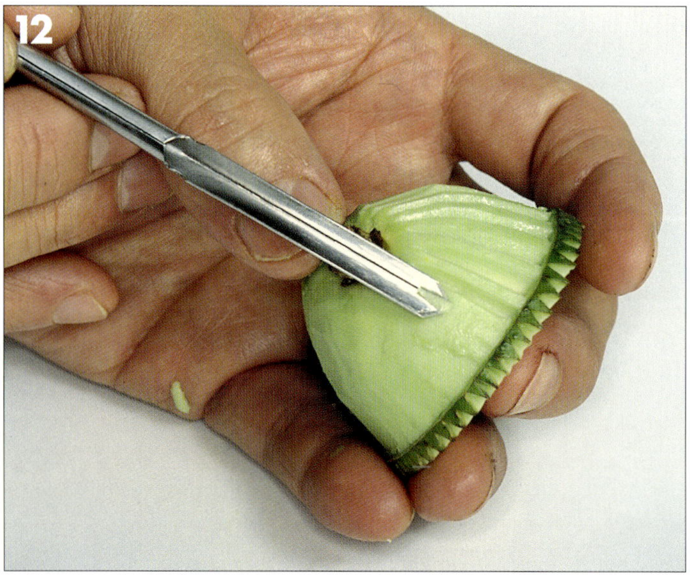

12

Mit dem V-Meissel Nr. 1 den Deckel längs in Richtung Zacken cannelieren.

Use V-shaped chisel number 1 to flute the lid lengthways towards the zigzags.

Cannelez le couvercle en long direction des crans à l'aide du burin n° 1 en forme de V.

Con lo scalpello a V no. 1 praticare delle scanalature distanziate in verticale lungo tutto il coperchio, dalla cima all'orlo dentellato.

Avocado
Avocados
Avocats
Avocado

Avocados eignen sich besonders gut, da sie das ganze Jahr über erhältlich sind, eine schöne Farbe haben und die Schnitztechniken dem Reifegrad angepasst werden können. Ob hart oder weich, es findet sich immer eine passende Technik und ein optimales Sujet. Die Auswahl der Frucht ist wichtig: Grüne Avocados mit glatter Haut haben einen eigenen Geschmack und sind zum Essen nicht zu empfehlen. Dafür eignen sie sich hervorragend zum Schnitzen. Ganz im Gegensatz zu Früchten mit einer noppigen Schale. Diese sind kulinarisch ein Genuss, jedoch nicht ideal zum Schnitzen.

Avocados are particularly suitable because they are available all year round, their colour is beautiful and the carving techniques can be adjusted according to the degree of ripeness. Whether the fruit is hard or soft, a suitable technique and subject can always be found. The choice of fruit is important: green avocados with smooth skins have a very unique flavour and are not recommended for eating. However, they are excellent for carving. The opposite applies to the knobbly skinned fruits. These are a culinary delight, but are not ideal for carving.

Les avocats sont particulièrement appropriés, parce qu'on les trouve toute l'année, qu'ils ont de belles couleurs et que les techniques de sculpture peuvent être adaptées au degré de maturité. Tendre ou dur – il y a toujours une technique adéquate et un motif optimal. Le choix du fruit est important: les avocats verts à peau lisse ont un goût particulier et ne sont pas vraiment recommandés du point de vue gastronomique. Par contre, ils se prêtent admirablement à la sculpture. C'est tout le contraire des fruits à peau granuleuse, qui sont délicieux, mais ne sont pas idéaux pour la sculpture.

L'avocado è un frutto ideale per l'intaglio, perché è reperibile tutto l'anno, ha un colore gradevole e consente di applicare tecniche d'intagli diverse a seconda del grado di maturazione raggiunta. Duro o morbido che sia, non è difficile trovare una tecnica e un soggetto adatti al frutto in questione. La scelta del frutto è fondamentale: gli avocado verdi con la buccia liscia hanno un sapore particolare e sono sconsigliati per il consumo. Ma sono perfetti per essere intagliati. Al contrario dei frutti dalla buccia increspata: questi ultimi sono un vero piacere per il palato, ma poco adatti per l'intaglio.

So wird aus der «Wunderfrucht» ein Weinfass mit Deckel. Ergänzt mit Weintrauben oder, wie im Bild, mit Heidelbeeren eine bezaubernde Dekoration für jede Käseplatte.

This is how the «wonder fruit» is turned into a barrel with a lid. Add a few grapes or, as in the picture, blueberries to create an enchanting decoration for a cheese board.

Un «fruit magique» est donc devenu un petit tonneau avec couvercle. Ajoutez des grains de raisin, ou, comme dans notre exemple, des myrtilles – et voici une charmante décoration pour un plateau de fromages.

Il «frutto miracoloso» trasformato in una botte con coperchio. Basta aggiungere qualche grappoletto d'uva o, come nella foto, dei mirtilli, ed ecco pronta una decorazione ideale per servire un vassoio di formaggi.

Internationale Fachschule
für Kochartistik

International School
for Culinary Art

Ecole internationale
de décoration gastronomique

Scuola tecnica internazionale
di creazioni artistiche della gastronomia

Kurse für Gemüse- und Früchteschnitzerei

Von Profis für Profis und Liebhaber!

Neugierig auf mehr? Vieles können wir Ihnen in den zwei Büchern des Schnitzkünstlers Xiang Wang zeigen. Aber keine Bilder und keine Erklärungen ersetzen die Praxis, das Zuschauen und Nachmachen. Schauen Sie Herrn Wang über die Schulter und profitieren Sie von seiner jahrzehntelangen Erfahrung. Lassen Sie sich von seiner Begeisterung anstecken! In unserer Schule lernen Liebhaber des Früchte- und Gemüseschnitzens die asiatische Dekorationskunst auf hohem Niveau: von der Stufe Anfänger bis zum Fortgeschrittenen-Kurs, in dem anspruchsvolle Tisch- und Buffetdekorationen kunstvoll geschnitzt werden.

Leçons de sculpture de fruits et légumes

Par des professionnels pour les professionnels et les amateurs!

Cela éveille votre curiosité? Il y a beaucoup de choses que nous pouvons vous montrer dans les deux livres de l'artiste sculpteur gastronomique Xiang Wang. Cependant, les images et les explications ne sauront jamais remplacer la pratique, l'observation et l'imitation. Regardez faire M. Wang et bénéficiez de l'expérience qu'il a rassemblée au cours des décennies. Laissez-vous entraîner par son enthousiasme! Dans notre école, les amateurs de la sculpture de fruits et de légumes peuvent apprendre le grand art de la décoration asiatique: du niveau débutants jusqu'au cours de perfectionnement où l'on travaille à la création de somptueuses décorations de table et de buffets.

Fruit and vegetable carving courses

By professionals for professionals and enthusiasts!

Keen to know more? Many things are shown in the two books by Xiang Wang, who is a true master of the art of carving. However, pictures and explanations can never replace practising, watching and copying. Look over Mr. Wang's shoulder and take advantage of the experience he has acquired in decades. His enthusiasm is infectious! Our school gives fruit and vegetable carving enthusiasts the opportunity to learn the Asian art of carving decorations at a high level. Courses offered range from the beginners' level to advanced level for carving ornate and sophisticated decorations for tables and buffets.

Corsi di intaglio di frutta e verdura

Professionisti a disposizione di professionisti e dilettanti!

Avete voglia di novità? Numerosissime sono quelle che troverete nei due libri di arte dell'intaglio scritti dallo specialista Xiang Wang. Ma per quanto le immagini e le descrizioni siano chiarissime, nulla equivale l'esercizio pratico, l'osservazione diretta e la riproduzione degli insegnamenti. Ora potete fare tesoro dell'esperienza pluriennale di Xiang Wang osservandolo mentre lavora. Il suo entusiasmo contagerà anche voi! Nella nostra Scuola, dilettanti e professionisti apprendono al più alto livello le tecniche d'intaglio della frutta e della verdura utilizzate nell'arte decorativa orientale: a partire dal livello principianti, fino al corso per avanzati, che prevede la realizzazione di impegnative decorazioni da tavola e da buffet mediante l'arte dell'intaglio.

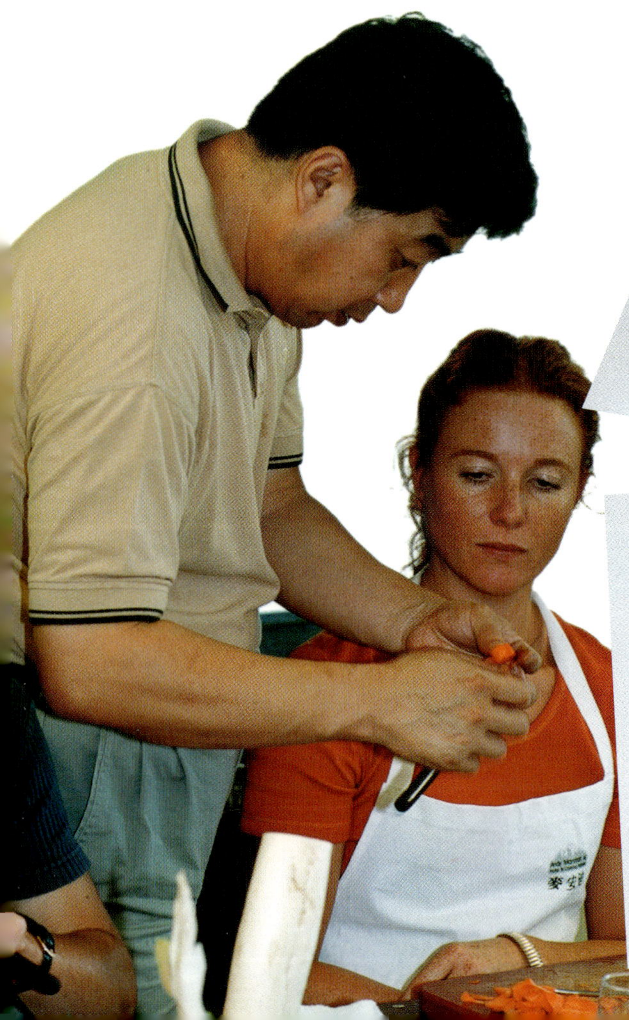

Die Kursstufen

Die Früchte- und Gemüseschnitzkurse sind aufbauend und garantieren durch intensives, praktisches Arbeiten sofort umsetzbaren Lernerfolg.

Kurs 1
Einführung in die Schnitztechnik mit dem Schnitzmesser und Meisseln. Intensives Training an verschiedenen Übungsstücken.

Kurs 2
Verfeinern der erlernten Techniken, kombiniert mit Neuem.

Kurs 3
Erlernte Techniken gezielt anwenden an grossen Objekten.

Kurs 4
Hohe Kunst!

Jede Kursstufe dauert 2 Tage. Die Kurse werden in unserer Fachschule oder nach Wunsch auch in Ihrem Betrieb durchgeführt.

Course levels

The fruit and vegetable carving courses are progressive. The intensive practical component of each course guarantees learning success which can then be put into practice immediately.

Course 1
Introduction to carving techniques using the carving knife and chisels. Intensive training on several practice pieces.

Course 2
Refining the techniques learnt previously as well as learning new procedures.

Course 3
Applying the techniques learnt previously specifically on larger objects.

Course 4
High art!

Each course level takes 2 days to complete. The courses take place at our carving school or can be held in your company.

Les niveaux

Les cours de sculpture de fruits et légumes sont structurés de façon progressive. Ils garantissent le succès grâce à des travaux pratiques intensifs, où l'on met directement en œuvre ce que l'on vient d'apprendre.

Cours 1
Introduction à la technique de sculpture au couteau et aux burins. Entraînement intensif sur plusieurs modèles d'exercice.

Cours 2
Perfectionnement des techniques apprises, en combinaison avec de nouveaux acquis.

Cours 3
Appliquer de façon ciblée les techniques apprises à de grands ouvrages.

Cours 4
Le grand art!

Chaque niveau de cours dure 2 jours. Les cours ont lieu à notre école spécialisée ou, sur demande, dans votre entreprise.

I livelli dei corsi

I corsi di intaglio di frutta e verdura sono progressivi. Le intensive esercitazioni svolte durante il corso vi garantiscono un successo immediato nella realizzazione delle vostre opere individuali.

Corso 1
Introduzione alla tecnica dell'intaglio con i coltelli da intaglio e i diversi scalpelli. Pratica intensiva su diversi modelli per l'esercitazione.

Corso 2
Approfondimento delle tecniche apprese e introduzione di nuove tecniche.

Corso 3
Applicazione mirata delle tecniche apprese su soggetti di grandi dimensioni.

Corso 4
Arte ai massimi livelli!

Ogni livello dura 2 giorni. I corsi si tengono alla nostra Scuola tecnica, ma su richiesta possono essere organizzati anche presso la vostra azienda.

Praxis statt Theorie

Während der Kurse wird in kleinen Gruppen intensiv praktisch gearbeitet. Sie lernen dabei die Werkzeuge richtig einzusetzen, erfahren viel über den Umgang und die Auswahl der Produkte und üben konzentriert die einzelnen Schnitztechniken. Unter der praktischen Anleitung und Mithilfe des Schnitzkünstlers Xiang Wang entwickeln Sie mit der Zeit ein Gefühl für diese Handwerkskunst. Mit jedem gelungenen Schaustück wächst Ihre Freude. Ob Sie als Profikoch Ihre Gäste mit künstlerischen Buffetdekorationen überraschen, als Metzger Ihren Partyservice einmalig machen oder als Hausfrau für wunderschöne Tellerdekorationen sorgen möchten – die Motivation unter den Kursbesucherinnen und -besuchern schafft eine lockere, stimmige Atmosphäre.

Practice instead of theory

The course includes a lot of intensive practical work in small groups. This gives participants the opportunity to learn how to use the tools correctly, discover how to handle and choose the produce and concentrate on practising the individual carving techniques. The supervision and help provided by Mr. Xiang Wang, who is a master of the art of carving, will allow you to develop a feeling for this artistic skill gradually. Your pleasure will increase with each successfully carved show-piece. Whether you are a professional cook wanting to surprise guests with an artistically decorated buffet, a butcher aiming to provide a unique party service or a housewife wishing to create beautiful decorations for plates – the motivation of participants on the course creates a relaxed and harmonious atmosphere.

La pratique prime sur la théorie

Pendant les leçons, on met l'accent sur les travaux pratiques par petits groupes. Vous apprenez à employer correctement les outils, vous découvrez beaucoup de choses sur le choix et le traitement des produits, et vous vous exercez en toute concentration aux différentes techniques de sculpture. Avec l'aide et les explications pratiques de l'artiste sculpteur gastronomique Xiang Wang, vous aiguisez peu à peu votre sensibilité artisanale. Votre plaisir grandit à chaque pièce de décoration réussie. Que vous désiriez surprendre vos hôtes par des décorations de buffet extraordinaires en tant que cuisinier professionnel, que vous entendiez vous affirmer comme traiteur hors du commun ou que vous ayez l'intention de créer de ravissantes décorations d'assiettes dans votre foyer: vous vous sentirez à l'aise dans l'ambiance harmonieuse et décontractée de nos cours, parmi des participants aussi motivés que vous.

Pratica anziché teoria

I corsi si tengono in piccoli gruppi e prevedono esercizi pratici svolti in modo intensivo. Imparerete ad impiegare correttamente gli utensili, a scegliere e trattare i prodotti e ad applicare con concentrazione le singole tecniche d'intaglio. Sotto l'esperta guida di Xiang Wang, e con il suo aiuto, svilupperete a poco a poco il vostro gusto e il senso per l'arte dell'intaglio. Ogni modello riuscito sarà per voi un momento di pura gioia! La varietà nella tipologia dei partecipanti – dal cuoco professionista che desidera stupire i suoi ospiti presentando buffet artisticamente decorati al macellaio che intende rendere unico il party-service da lui offerto fino alla casalinga che vuole realizzare splendide decorazioni per la sua tavola – rende gradevole e rilassata l'atmosfera dei corsi.

Für Fortgeschrittene und wahre Liebhaber

Haben Sie Ihr Talent und Ihre Freude am Schnitzen entdeckt?
Unsere Spezialkurse machen Sie zum wahren Künstler!

Melonenkurs

Voraussetzung für diesen Spezialkurs ist der Besuch des Grundkurses 1. Intensives Arbeiten an den 2 Kurstagen mit ca. 35 kg Melonen pro Person!
Dieses konzentrierte Üben schenkt Ihnen Sicherheit beim Schnitzen wie auch in der Korrektur von Fehlern und garantiert, dass Sie das Gelernte auch ohne Anleitung erfolgreich anwenden können.
Nach diesem Kurs gehen Sie mit wunderbaren Schaustücken nach Hause!

For advanced students and true enthusiasts

Have you discovered a gift and liking for carving? Our specialist courses will turn you into a true artist!

Melon course

Basic course 1 is pre-requisite for this course. The course lasts two days and includes intensive work on about 35 kg of melons per person! Practising in this concentrated way will help you to carve and remedy mistakes with confidence and guarantees that you will be able to do the things you learned on your own successfully. At the end of the course you will return home with wonderful show-pieces!

Pour les mordus et les sculpteurs ambitieux

Avez-vous découvert votre talent et votre goût pour la sculpture de fruits et légumes? Nos cours spéciaux feront de vous un véritable artiste!

Sculpture de melons

Prérequis pour ce cours spécial: l'accomplissement du cours de base niveau 1. Travail intensif pendant 2 jours de cours, sur environ 35 kg de melons par personne!
Cet entraînement concentré vous apporte l'assurance dont vous aurez besoin pour sculpter et pour corriger les fautes. Il garantit que vous puissiez ensuite appliquer ces acquis en toute liberté, sans avoir besoin d'instructions.
A l'issue de ce cours, vous rentrerez chez vous avec d'admirables pièces de décoration!

Per avanzati e veri intenditori

Intagliare vi procura gioia e avete scoperto di possedere del talento?
I nostri corsi vi faranno diventare dei veri e propri Maestri in quest'arte!

Corso d'intaglio sulle angurie

Presupposto per la frequenza di questo corso è aver seguito il Corso di base 1. Nei 2 giorni di corso è prevista una pratica intensiva d'intaglio su ca. 35 kg di angurie per persona!
Una serie concentrata di esercizi vi dona sicurezza nell'intaglio come pure nella correzione degli errori ed è la garanzia che saprete utilizzare quanto appreso con pieno successo anche senza guida esterna. Dopo aver seguito questo corso arriverete a casa con capolavori mozzafiato!

Eismeissel-kurs

Nach dem theoretischen Teil über die Herstellung und Handhabung des Eises beginnen die Kursteilnehmer sofort mit dem ersten Schaustück. So wird der richtige Umgang mit dem Werkzeug vermittelt, und die Grundlagen des Eismeisselns können geübt werden.

Auch Skizzieren wird geübt, und so können sich die Kursteilnehmer mit selbstentworfenen Skulpturen von unserem Fachlehrer verabschieden!

Ice carving course

Once the theoretical component about the production and handling of the ice has been completed, the participants immediately start work on their first show-piece. This gives participants the opportunity to learn how to use the tools correctly as well as practising the basics of ice carving.

Participants also practice drawing sketches and when the time comes to bid our subject teacher farewell, they will be taking a sculpture based on their own design home with them!

Cours de sculpture sur glace

Tout de suite après la partie théorique sur la fabrication et la manipulation de la glace, les participants commencent leur première œuvre. Ainsi, ils apprennent à se servir à bon escient des outils et peuvent directement s'entraîner aux techniques de base de la sculpture sur glace.

On s'entraînera également à faire des esquisses, de façon à ce que les stagiaires puissent, lorsque le moment sera venu de prendre congé de notre enseignant spécialisé, présenter des sculptures issues entièrement de leur créativité!

Corso di scultura del ghiaccio

Dopo una parte teorica riguardante la fabbricazione e le modalità di lavorazione del ghiaccio, i partecipanti del corso si cimenteranno subito nel loro primo esemplare. In tal modo verrà spiegato l'uso corretto degli utensili e sarà possibile mettere in pratica i fondamenti dell'intaglio nel ghiaccio.

Infine, prima di congedarsi dall'insegnante, i partecipanti realizzeranno sculture di ghiaccio da essi stessi progettate mediante schizzi individuali!

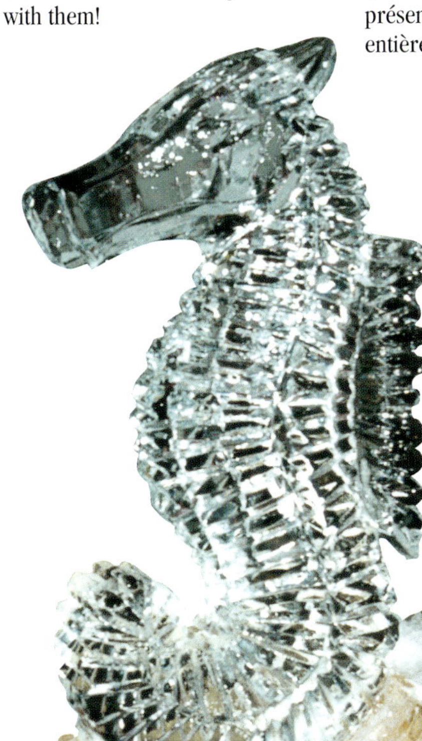

Übungsstücke der Kursteilnehmer aus dem Melonenkurs im Juni 2000.

Practice pieces made by the participants of the melon course in June 2000.

Pièces d'exercice des participants au cours de sculpture de melons de juin 2000.

Esempi di modelli d'esercitazione realizzati dai partecipanti al Corso sull'intaglio delle angurie nel giugno 2000.

Modellierkurs Margarine

Der 2-tägige Profikurs ist die ideale Grundausbildung für das Gestalten von Skulpturen. Nebst den Grundlagen des Modellierens lernen Sie den korrekten Figurenaufbau.
Auch in diesem Kurs kommt das Üben nicht zu kurz. Zwei kleinere und eine grosse Skulptur, die Sie mit nach Hause nehmen, zeugen von intensiver Arbeit!

Margarine modelling course

The 2 day course for professionals is an ideal basis for moulding sculptures. It teaches you the basics of modelling as well as how to structure figures correctly.
This course, like all the others, contains its fair share of practical work. Two small sculptures and one large one, which you will take home at the end of the course, bear testimony to the intensive work.

Cours de modelage de margarine

Ce cours professionnel de 2 jours est la formation de base idéale pour la création de sculptures. A part les bases du modelage, vous apprenez la construction correcte des pièces.
Dans ce cours non plus, ce ne sont pas les exercices pratiques qui manquent: deux petites et une grande sculpture, que vous emporterez chez vous, témoigneront de votre travail intensif!

Corso di modellaggio della margarina

Il Corso di modellaggio professionale, della durata di 2 giorni, costituisce la base ideale per la realizzazione di sculture. Oltre ai fondamenti del modellaggio, apprenderete a costruire e proporzionare correttamente i soggetti.
Anche in questo corso non mancheranno le esercitazioni pratiche: testimoni della vostra intensiva partecipazione saranno le sculture, due piccole e una di maggiori dimensioni, che porterete con voi a casa!

65145 Früchte- und Gemüseschnitzkoffer 36-teilig, komplett mit Schnitzwerkzeug, verschiedenen Ausstechern, Melonen- und Thaimesser, Gemüsespitzer und Gemüseleim und Garnierhilfen. Das kompletteste Set erhältlich für alle Schnitzereien in diesem Buch sowie dem ersten (92650)

65145 36 piece fruit and vegetable carving set in case including carving tools, various cutters, melon and Thai knives, vegetable sharpener, vegetable glue and garnishing tools. The most comprehensive set for all showpieces in this book as well as the first book (92650)

65145 Mallette d'outils à sculpter les fruits et légumes, 36 pièces, avec tout ce qu'il faut: différents découpoirs, couteaux thaï et à melon, taille-légumes, colle à légumes et ustensiles de décoration. Le set le plus complet pour réaliser toutes les sculptures présentées dans ce livre et dans le premier (92650)

65145 Valigetta con set di 36 utensili per intagliare frutta e verdura, completa di scalpelli, diversi stampini, coltello thai + per melone, temperino per verdure + colla vegetale + altri utensili per decorare. Il set più completo per realizzare tutti gli intagli presentati in questo libro, come pure nel primo (92650)

65145

65132

65131

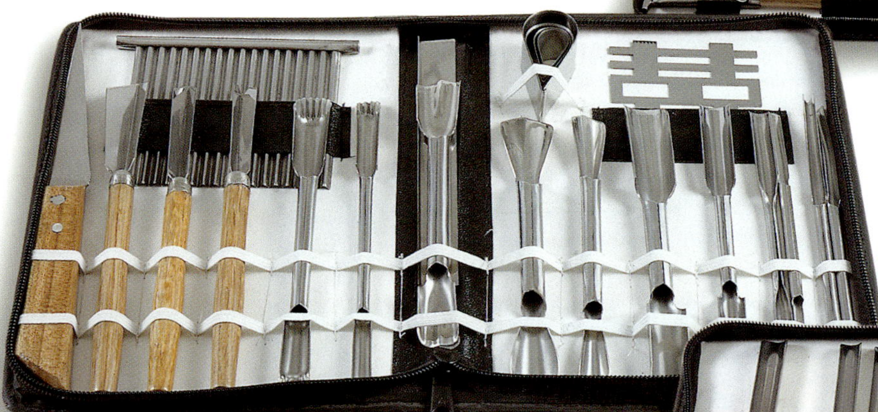

65140

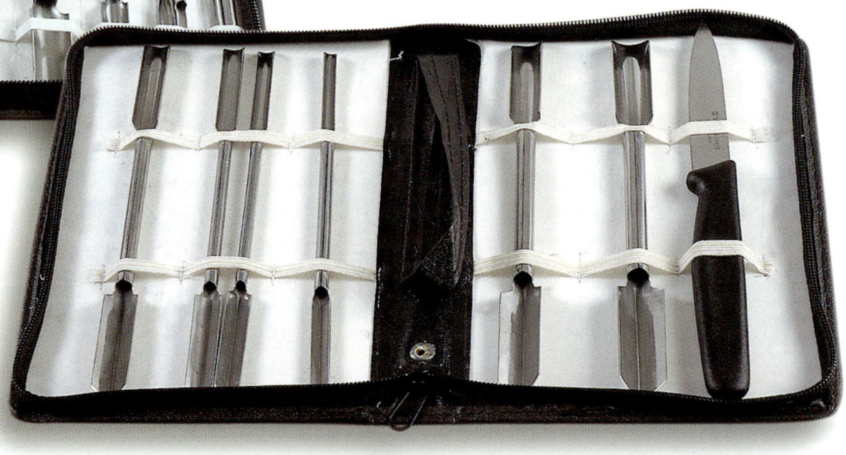

65140 Früchte- und Gemüseschnitzset 7-teilig in Etui

65140 7-piece fruit and vegetable carving set in soft case

65140 Trousse d'outils à sculpter les fruits et légumes, 7 pièces

65140 Astuccio con set di 7 utensili per intagliare frutta e verdura

65131 Früchte- und Gemüseschnitzset 22-teilig in Etui. Chinesische Meissel und Messer mit Tropfenset

65131 22-piece fruit and vegetable carving set in soft case including. Chinese chisels and knives and tear drop cutters

65131 Trousse d'outils à sculpter les fruits et légumes, 22 pièces: burins chinois, couteaux, découpoirs en forme de goutte

65131 Astuccio con set di 22 utensili per intagliare frutta e verdura. Scalpelli cinesi + coltelli e stampini per taglio a goccia

65132 Früchte- und Gemüseschnitzset 27-teilig in Etui. Chinesische Meissel und Messer mit Holzgriffen. Leichtere Ausführung. Auch sehr geeignet für Schokolade- und Buttermodellaturen

65132 27-piece fruit and vegetable carving set in soft case. Chinese chisels with wooden handles. Lightweight model. Also very suitable for making chocolate and butter sculptures

65132 Set d'outils à sculpter les fruits et légumes, 27 pièces, dans un étui. Burins chinois et couteaux à manche de bois. Qualité légère. Egalement très approprié pour sculpter le chocolat ou le beurre

65132 Scalpelli cinesi + coltelli con manici di legno, modello leggero, molto adatto anche per scolpire cioccolato e burro

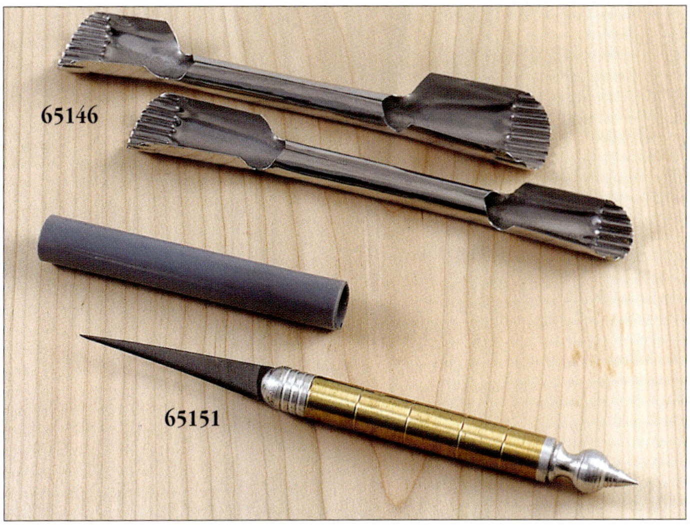

65146 Set von 2 runden, gerillten Meisseln (Nrn. 5 bis 8), Diam 18/20/22/ 25 mm (Nrn. 1 bis 4 sind im blauen Koffer 65145 enthalten)
65146 Set of 2 round, fluted chisels (Nos. 5–8), 18/20/22/25 mm in diameter (Nos. 1–4 are contained in the blue case 65145)
65146 Set de 2 burins ronds cannelés (n° 5 à 8), diam 18/20/22/25 mm (les burins n° 1 à 4 sont contenus dans la mallette 65145)
65146 Set di 2 scalpelli rotondi scanalati (No. 5–8), diam. 18/20/22/25 mm (No. 1–4 sono contenuti nella valigetta blu 65145)

65151 Thaimesser mit Markierungsspitze und flexibler Klinge
65151 Thai knife with marking point and flexible blade
65151 Couteau thaï avec pointe à marquer et lame flexible
65151 Coltello thai con punta per incisioni e lama flessibile

---

24550 Davidoff Messer, geschmiedet, mit Wellenschliff, Klinge 11 cm
24550 Forged Davidoff knife with scalloped 11 cm blade
24550 Couteau Davidoff, forgé, cranté, lame 11 cm
24550 Cortello Davidoff, lama forgiata, affilatura a seghetta, lama 11 cm

---

24441 Gemüseschnitzmesser, Nylongriff, Klinge 8 cm
24441 Vegetable paring knife with nylon handle and 8 cm blade
24441 Couteau à sculpter les légumes, manche en plastique, lame 8 cm
24441 Coltello per sbucciare verdura, manico in plastica nera, lama 8 cm

---

24030 Wang's Favourite Schneidemesser mit Holzgriff, Klinge 8 cm
24030 Wang's favourite cutting knife with wooden handle and 8 cm blade
24030 Couteau «Wang's Favourite», manche de bois, lame 8 cm
24030 Coltello Wang's Favourite con manico in legno, lama 8 cm

---

24461 Turniermesser, Nylongriff, Klinge 6 cm
24461 Shaping knife with nylon handle and 6 cm blade
24461 Couteau d'office à mitre, manche en plastique, lame 6 cm
24461 Coltello per sagomare, manico in plastica nera, lama 6 cm

---

65150 Chinesisches Universalmesser, Chromnickelstahl, zugeschweisster Hohlgriff, 100% hygienisch
65150 Stainless steel Chinese all-purpose knife with hollow welded handle 100% hygienic
65150 Couteau chinois universel, acier inoxydable. Manche creux soudé, hygiénique à 100%
65150 Coltello universale cinese in acciaio inossidabile con manico cavo sigillato, igienico al 100%

18402 Swiss Schärfer «Profi» mit Diamantstein für alle Messer, Meissel und Scheren
18402 Swiss «Profi» sharpener with diamond stone suitable for all knives, chisels and scissors
18402 Aiguisoir suisse «Profi» avec pierre diamantée, pour tous les couteaux, burins et ciseaux
18402 Acciarino svizzero «Profi» con pietra diamante per tutti i coltelli, scalpelli e forbici

---

18401 Swiss Schärfer «Mini» mit Diamantstein für alle Messer, Meissel und Scheren
18401 Swiss «Mini» sharpener with diamond stone suitable for all knives, chisels and scissors
18401 Aiguisoir suisse «Mini» à pierre diamantée, pour tous les couteaux, burins et ciseaux
18401 Acciarino svizzero «Mini» con pietra diamante per tutti i coltelli, scalpelli e forbici

Hygienische Schneidebretter aus Kunststoff, Dicke 2 cm
Hygienic cutting boards, 2 cm thick
Planches à découper hygiéniques en matière plastique, 2 cm d'épaisseur
Igienico tagliere in plastica, spessore 2 cm

55313 GN 1/2, 325×265×20 mm, weiss, white, blanche, bianco
55513 GN 1/2, 325×265×20 mm, marmor, marble, marbrée, marmo
55439 GN 1/2, 325×265×20 mm, gelb, yellow, jaune, giallo
55430 GN 1/2, 325×265×20 mm, rot, red, rouge, rosso
55113 GN 1/2, 325×265×20 mm, braun, brown, marron, marrone
55230 GN 1/2, 325×265×20 mm, grün, green, verte, verde
55443 GN 1/2, 325×265×20 mm, blau, blue, bleue, blu
55314 GN 1/1, 530×325×20 mm, weiss, white, blanche, bianco
55533 GN 1/1, 530×325×20 mm, marmor, marble, marbrée, marmo
55437 GN 1/1, 530×325×20 mm, gelb, yellow, jaune, giallo
55433 GN 1/1, 530×325×20 mm, rot, red, rouge, rosso
55114 GN 1/1, 530×325×20 mm, braun, brown, marron, marrone
55233 GN 1/1, 530×325×20 mm, grün, green, verte, verde
55440 GN 1/1, 530×325×20 mm, blau, blue, bleue, blu

65195 Gemüseleim (nicht essbar)
65195 Vegetable glue (not edible)
65195 Colle à légumes (non comestible)
65195 Colla vegetale (non commestibile)

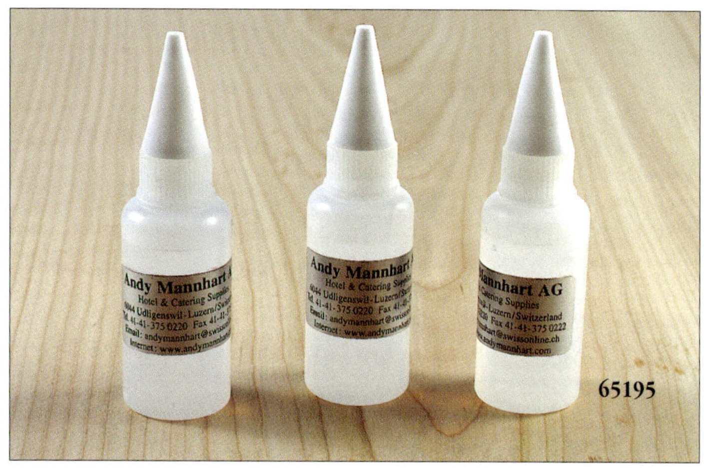

65195

65152 Gemüsespitzer für schnelle Dekorationen
65152 Vegetable sharpener
65152 Taille-légumes pour une décoration rapide
65152 Temperino per verdura, per decorazioni rapide

24560 Rettichschneider
24560 Radish cutter
24560 Coupe-radis
24560 Taglia-rafano

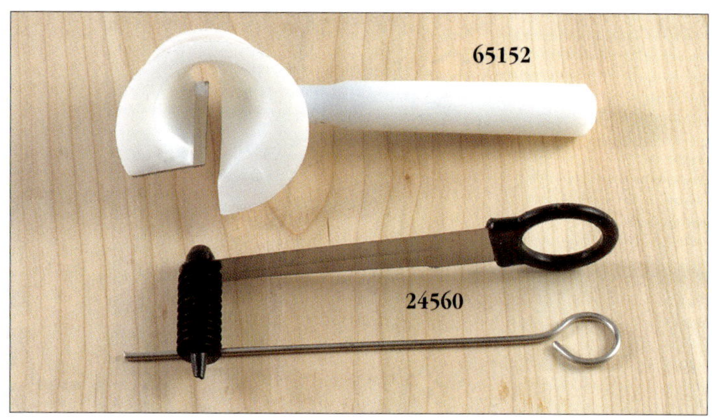
65152
24560

65201
65200

65200 F-keep-fresh-Pulver ergibt 4 × 2 dl keep-fresh-Sprühextrakt (essbar)
65200 F-keep-fresh powder to produce 4 × 2 dl of keep-fresh extract (edible)
65200 Poudre F-keep-fresh pour 4 × 2 dl d'extrait keep-fresh à vaporiser (comestible)
65200 Polvere F-keep-fresh per 4 × 2 dl estratto da spruzzare (commestibile)

65201 Sprayflasche 2,5 dl zu F-keep-fresh, extrafeiner Sprühknopf
65201 2,5 dl F-keep-fresh spray-bottle with ultra fine nozzle
65201 Vaporisateur pour F-keep-fresh, 2,5 dl, vaporisation extra-fine
65201 Contenitore spray da 2,5 dl per F-keep-fresh, aspersione finissima

Set von 3 Blätterausstechern, verstärkt
Set of 3 reinforced leave cutters
Set de 3 découpoirs en forme de feuilles, renforcés
Set di 3 stampini a forma di foglia, rinforzati

09071 Blätter gebogen L=7/10/12 cm, leaves curved=7/10/12 cm, feuilles courbées l=7/10/12 cm, foglie curvate l=7/10/12 cm
09072 Blätter breit L=7/9/11,5 cm, leaves wide l=7/9/11,5 cm, feuilles larges l=7/9/11,5 cm, foglie larghe l=7/9/11,5 cm
09073 Blätter lang L=8/10/13 cm, leaves long l=8/10/13 cm, feuilles longues l=8/10/13 cm, foglie lunghe l=8/10/13 cm

Barausstecher, verstärkt
Reinforced bar cutters
Découpoirs de bar, renforcés
Stampini rinforzati per bar

09076 Schlange, snake, serpent, serpente
09077 Cool, cool
09078 Fisch, fish, poisson, pesce
09079 Pinguin, penguin, pingouin, pinguino

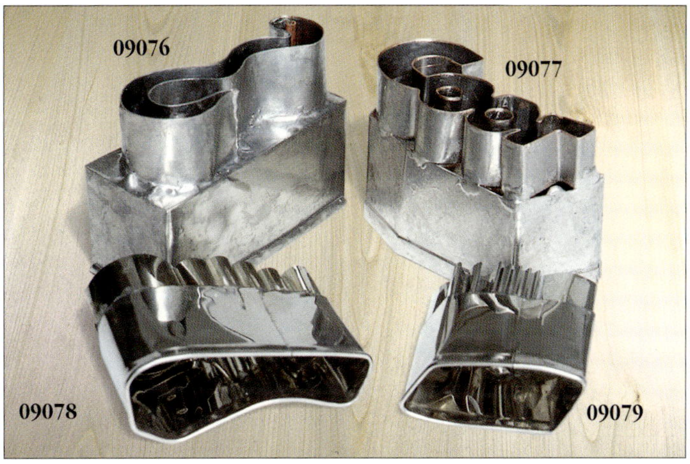

Gemüseausstecher, verstärkt
Reinforced vegetable cutters
Découpoirs à légumes, renforcés
Stampini rinforzati per verdure

09010 Hase, rabbit, lièvre, lepre
09011 Hahn, cock, coq, gallo
09012 Blume, flower, fleur, fiore
09013 Goldfisch, goldfish, poisson rouge, pesce rosso
09014 Fisch, fish, poisson, pesce
09015 Hummer, lobster, homard, astice
09016 Schmetterling, butterfly, papillon, farfalla
09017 Blume mit Blättern, flower with leaves, fleur avec feuilles, fiore con foglie
09018 Ente, duck, canard, anatra
09019 Krabbe, crab, crabe, granchio
09020 Gans, goose, oie, oca
09025 Blatt, leaf, feuille, foglia
09021 Maus, mouse, souris, topo

09030 Löwe, leo, lion, leone
09031 Schütze, sagittarius, sagittaire, sagittario
09032 Jungfrau, virgo, vierge, vergine
09033 Skorpion, scorpio, scorpion, scorpione
09034 Wassermann, aquarius, verseau, acquario
09035 Krebs, cancer, cancer, cancro
09036 Steinbock, capricorn, capricorne, capricorno
09037 Fisch, pisces, poissons, pesci
09038 Waage, libra, balance, bilancia
09039 Zwillinge, gemini, gémeaux, gemelli
09040 Stier, taurus, taureau, toro
09041 Widder, aries, bélier, ariete

22130 Ananasausstecher, Chromnickelstahl, 26 mm
22130 Stainless steel pineapple corer, 26 mm diameter
22130 Vide-ananas, d=26 mm, en acier inoxydable poli
22130 Scavino per svuotare l'ananas, in acciaio inossidabile, diametro 26 mm, manico in plastica nera

20463 Zucchinientkerner, Nylongriff
20463 Zucchini corer with nylon handle
20463 Vide-courgettes à manche en plastique
20463 Scavino per svuotare le zucchine con manico in plastica nera

24901 Fruchtentkerner, herzförmig D=27 mm, Nylongriff
24901 Heart-shaped fruit corer (27 mm diameter) with nylon handle
24901 Dénoyauteur en forme de cœur, d=27 mm, manche en plastique
24901 Scavino per frutta a forma di cuore, diam. 27 mm, manico in plastica nera
24902 Fruchtentkerner, herzförmig D=20 mm, Nylongriff
24902 Heart-shaped fruit corer (20 mm diameter) with nylon handle
24902 Dénoyauteur en forme de cœur, d=20 mm, manche en plastique
24902 Scavino per frutta a forma di cuore, diam. 20 mm, manico in plastica nera

24522 Fruchtentkerner, rund gezackt D=16 mm, Nylongriff
24522 Serrated round fruit corer (16 mm diameter) with nylon handle
24522 Dénoyauteur rond dentelé, d=16 mm, manche en plastique
24522 Levatorsoli rotondo d=16 mm, manico in plastica nera

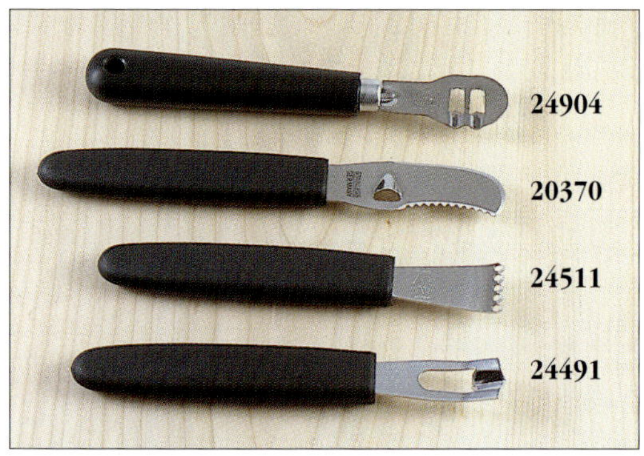

24904 Ziseliermesser doppelt seitlich mit Nylongriff
24904 Double fluting knife with nylon handle on the side
24904 Canneleur droitier et gaucher, poignée en plastique
24904 Decoralimoni a doppia scanalatura, manico in plastica nera

20370 Ziseliermesser einfach mit Nylongriff
20370 Single fluting knife with nylon handle
20370 Canneleur droitier, poignée en plastique
20370 Decoralimoni a scanalatura singola, manico in plastica nera

24511 Dekor-Zestenmesser mit Nylongriff
24511 Decorating zester with nylon handle
24511 Zesteur, poignée en plastique
24511 Rigalimoni, manico in plastica nera

24491 Dekor-Ziseliermesser mit Nylongriff
24491 Decorating fluting knife with nylon handle
24491 Canneleur, poignée en plastique
24491 Decoralimoni, manico in plastica nera

Pariser Löffel mit Nylongriff
Baller with nylon handle
Moule à pommes parisiennes, poignée en plastique
Scavino con manico in plastica nera
24630 D=10 mm
24631 D=15 mm
24632 D=18 mm
24633 D=22 mm
24634 D=25 mm
24635 D=30 mm

24903 D=25×30 mm, herzförmig, heart-shaped, en forme de cœur, a forma di cuore
20464 D=32×18 mm, oval gerippt, oval fluted, ovale cannelé, ovale cannelé, ovale scanalato
24651 D=26×15 mm, oval glatt, oval plain, ovale lisse, ovale liscio
24641 D=22×25 mm, rund doppelt, round double, rond double, rotondo doppio

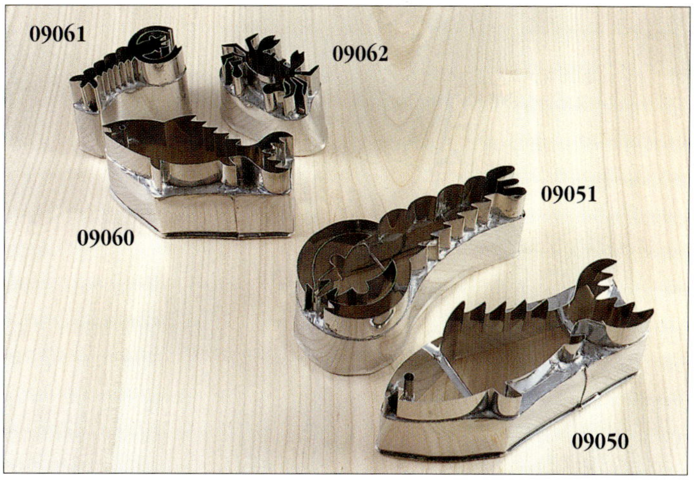

Blätterteigausstecher verstärkt, Chromstahl
Reinforced stainless steel puff pastry cutters
Emporte-pièces pour pâte feuilletée, acier inoxydable
Stampini per pasta sfoglia, rinforzati, in acciao inossidabile

09061 Hummer, lobster, homard, astice, 7 cm
09062 Krabbe, crab, crabe, granchio, 6 cm
09060 Fisch, fish, poisson, pesce, 10,5 cm
09051 Hummer, lobster, homard, astice, 15 cm
09050 Fisch, fish, poisson, pesce, 15 cm

67502 Ausstecherset 6-teilig, oval gerippt, 40/85–55/115 mm
67502 Set of 6 fluted oval cutters, 40/85–55/115 mm
67502 Set de 6 découpoirs, ovales cannelés, 40/85–55/115 mm
67502 Set di 6 stampini ovali scanalati, 40/85–55/115 mm

67501 Ausstecherset 8-teilig, oval glatt, 35/80– 60/115 mm
67501 Set of 8 plain oval cutters, 35/80–60/115 mm
67501 Set de 8 découpoirs, ovales lisses, 35/80–60/115 mm
67501 Set di 8 stampini ovali lisci, 35/80–60/115 mm

Ausstecherset glatt
Set of plain cutters
Set de découpoirs lisses
Set di stampini rotondi lisci

67843 Set 10, 12–73 mm
67844 Set 16, 12–113 mm
67845 Set 20, 12–140 mm

Ausstecherset rund gerippt
Set of fluted round cutters
Set de découpoirs ronds cannelés
Set di stampini rotondi scanalati

67840 Set 5, 22–65 mm
67841 Set 8, 22–110 mm
67842 Set 10, 22–140 mm

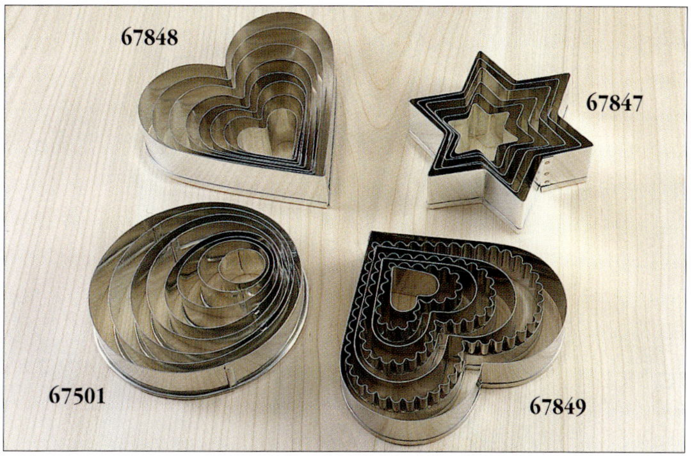

67848 Ausstecherset Herzen 8-teilig 30–120 mm
Set of 8 heart cutters
Set de 8 découpoirs lisses en forme de cœur
Set di 8 stampini a forma di cuore lisci

67847 Ausstecherset Sterne 6-teilig 45–115 mm
Set of 6 plain star cutters
Set de 6 découpoirs en forme d'étoile
Set di 6 stampini a forma di stella lisci

67849 Ausstecherset Herzen 6-teilig (3 glatte + 3 gerippte Herzen) 30–120 mm
Set of 6 heart cutters (3 plain + 3 fluted hearts)
Set de 6 découpoirs en forme de cœur (3 lisses + 3 cannelés)
Set di 6 stampini a forma di cuore (3 lisci + 3 scanalati)

19306 Ausstecherset oval 6-teilig 50–95 mm
Set of 6 oval cutters
Set de 6 découpoirs ovales
Set di 6 stampini ovali

19307 Ausstecherset sechseckig 6-teilig, Set of 6 hexagonal cutters 38–82 mm
Set de 6 découpoirs hexagonaux, Set di 6 stampini esagonali

19311 Ausstecherset quadratisch 6-teilig, Set of 6 square cutters 35–67 mm
Set de 6 découpoirs carrés, Set di 6 stampini quadrati

19309 Ausstecherset Tropfen 6-teilig 50–95 mm
Set of 6 tear drop cutters
Set de 6 découpoirs en forme de goutte
Set di 6 stampini a forma di goccia

12851	Ausstecherset mit 26 Buchstaben Set of 26 alphabet cutters Set de 26 découpoirs en forme de lettres Set di 26 stampini a forma di lettere	25 mm
12852	Ausstecherset mit 9 Zahlen Set of numerical cutters (9 numbers) Set de 9 découpoirs en forme de chiffres Set di 9 stampini a forma di numeri	36 mm
67863	Garniturenset 75-teilig, extra feine Ausführung 75 piece decorating set, superior quality Set de décoration, 75 pièces, qualité extra-fine Set di 75 utensili di esecuzione finissima	6–40 mm
67864	Garniturenset 25-teilig, extra feine Ausführung, 25 piece decorating set, superior quality Set de décoration, 25 pièces, qualité extra-fine Set di 25 utensili di esecuzione finissima	20–35 mm
67855	Ausstecherset Dekor 12-teilig Set of 12 decorating cutters Set de 25 découpoirs à décoration Set di 25 stampini per decorazioni	14×18 mm
67860	Ausstecherset Gelatine 6-teilig Set of 6 gelatine cutters Set de 6 découpoirs à gélatine Set di 6 stampini per gelatina	13×18 mm
67854	Ausstecherset Mosaik 42-teilig Set of 42 mosaic cutters Set de 42 découpoirs pour mosaïque Set di 42 stampini a forma di mosaico	6–22 mm
12850	Ausstecherset mit 10 Tieren Set of 10 animal cutters Set de 10 découpoirs en forme d'animaux Set di 10 stampini a forma di animali	20–30 mm
12849	Ausstecherset mit 12 kleinen Motiven Set of 12 small cutters (various shapes) Set de 12 découpoirs, petits sujets Set di 12 stampini con diversi piccoli soggetti	20–30 mm

18159 Sparschäler hoch mit beweglicher Klinge
18159 Peeler, high with movable blade
18159 Epluchoir haut à lame mobile
18159 Pelapatate con lama mobile

24434 Doppelseitiger Sparschäler, Nylongriff
24434 Double-sided peeler with nylon handle
24434 Epluchoir à double lame, poignée en plastique
24434 Pelapatate a doppia lama con manico in plastica nera
24570 Sparschäler mit auswechselbarer, beweglicher Klinge
24570 Peeler with exchangable, movable blade
24570 Epluchoir à lame mobile rechangeable
24570 Pelapatate con lama mobile sostituibile

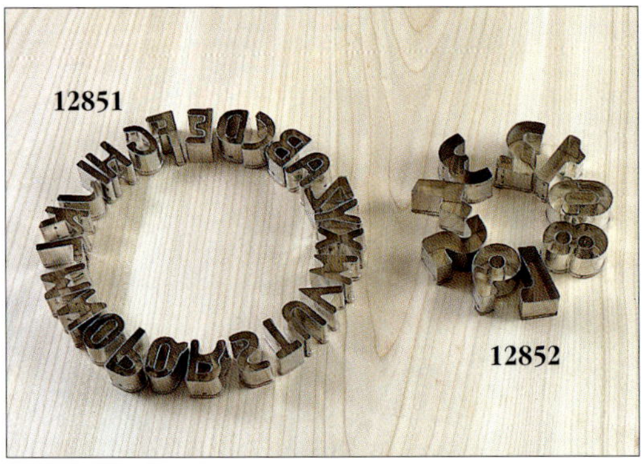

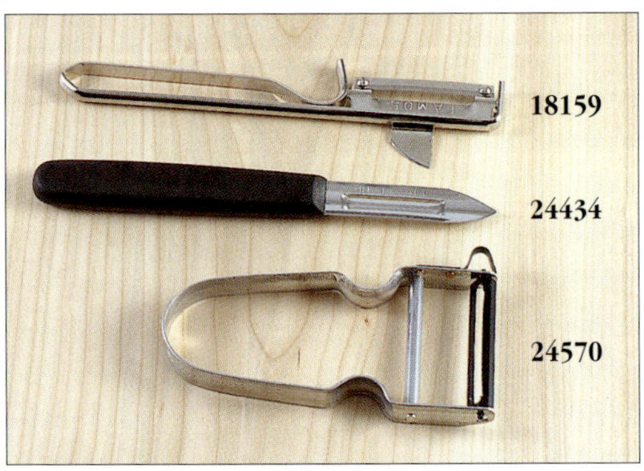

Das grosse Lehrbuch der
Gemüse- & Früchte-Schnitzerei

The complete manual for
vegetable & fruit carving

Le grand manuel de la
sculpture des légumes & des fruits

Il grande manuale dell'
intaglio di verdura & frutta

Artikel-Nr. 92650
Item no. 92650
N° de référence 92650
Numero dell'articolo 92650

Bestellen bei:
All orders to:
A commander chez:
Da ordinare presso:

Andy Mannhart AG
Hotel & Catering Supplies

Andy Mannhart AG
Fachschule Kochartistik
Kirchrainstrasse 27
CH-6044 Udligenswil-Luzern
Switzerland

Tel. (41-41) 375 02 20
Fax (41-41) 375 02 22
www.andymannhart.com
info@andymannhart.com

Früchte veredeln durch Schnitzen und Schneiden

Nach dem grossen Erfolg unseres ersten Lehrbuches zum Gemüseschnitzen wurden wir oft ermuntert, uns an eine Fortsetzung zu wagen. Mit diesem zweiten Buch sind wir vor allem auf die spezifischen Wünsche unserer Kursteilnehmer eingegangen: Früchte schneiden und schnitzen, schnell gemachte Teller- und Gläserdekorationen und keine aufwendigen Objekte. Für das grösste Schaustück in diesem Buch benötigte Xiang Wang kaum zwei Stunden. Das Buch zeigt Ideen für alle, die gerne ihre Gäste verwöhnen, ob Anfänger oder bereits Könner. Allen Anfängern rate ich, mit der Blume auf Seite 110 zu beginnen. Der Erfolg stellt sich sofort ein, und Sie ernten bereits die ersten Komplimente! Der schon oft gehörte Satz «wunderschön, aber uns fehlt schlicht die Zeit» sollte nun der Vergangenheit angehören! Viel Spass beim Schnitzen und Schneiden.

Veronica Mannhart

Carving and cutting fruit decoratively

Following the great success of our first textbook on vegetable carving, we were often encouraged to attempt a second book. In this second publication we have mainly responded to specific wishes put forward by participants on our courses. These included carving and cutting fruit, quick decorations for plates and dishes and omitting elaborate items. The largest show-piece in this book took Xiang Wang barely two hours to make. The book also contains ideas for people, beginners and experienced carvers alike, who want to spoil their guests. The flower on page 110 is an ideal starting point for beginners as it is bound to result in instant success and attract compliments! Familiar excuses, such as «oh this is absolutely beautiful but I'm afraid we just haven't got the time» ought to become well and truly a thing of the past. Have fun carving and cutting!

Mettre les fruits en valeur en les découpant et en les sculptant

A la suite du grand succès de notre premier manuel de sculpture de légumes, beaucoup de lecteurs nous ont encouragés à continuer sur cette voie. Avec ce deuxième livre, nous avons surtout tenté de répondre aux désirs spécifiques des participants à nos cours: couper et tailler des fruits, réaliser rapidement des décorations d'assiettes et de verres, sans investir trop de temps ou de travail. Il a fallu deux heures à peine à Xiang Wang pour exécuter la plus grande pièce de décoration montrée dans cet ouvrage. Ce livre présente des idées pour tous ceux qui aiment gâter leurs convives – qu'ils soient débutants ou sculpteurs chevronnés. Je conseille à tous les débutants de commencer par la fleur de la page 110 – le succès immédiat leur vaudra les premiers compliments! L'objection si fréquente «ravissant, mais nous n'avons simplement pas assez de temps» devrait à présent appartenir au passé! Je vous souhaite bien du plaisir à la sculpture et au découpage.

Impreziosire la frutta con l'arte dell'intaglio

Dopo il grande successo registrato dal primo Manuale Wang dedicato all'intaglio della verdura, spesso ci siamo sentiti rivolgere la richiesta di pubblicare un secondo volume in tema. Siamo quindi lieti di rispondere a questi desideri pubblicando il secondo manuale, che prende avvio dalle esigenze espresse dai partecipanti ai nostri corsi: intaglio della frutta, decorazioni per piatti e bicchieri di veloce realizzazione e nessun oggetto troppo laborioso. Il modello più complesso presentato in questo libro ha richiesto a Xiang Wang appena due ore di lavorazione. Il volume propone idee per tutti coloro che, principianti o avanzati, desiderano far sentire ai propri ospiti quanto sono importanti. Un mio consiglio personale ai principianti: iniziate con il fiore di pag. 110: il successo è assicurato e i complimenti non mancheranno! Con questo libro l'affermazione «Meraviglioso, ma non ne abbiamo il tempo» appartiene ormai al passato. Vi auguro grande divertimento con gli intagli proposti!

Liebe Schnitzfreunde

Seit Jahren darf ich in meinen Kursen viele Interessierte der Gemüse- und Früchteschnitzkunst begrüssen. Neben Profis aus dem Gastronomiebereich trauten sich viele Hausfrauen wie auch Ärzte oder Polizisten zu, diese asiatische Kunst zu erlernen. Es freut mich immer wieder, wenn sich begeisterte Kursteilnehmer von mir mit den Worten verabschieden: «Ich hätte nie gedacht, dass ich das so schnell lernen würde!» Mittlerweile unterrichte ich in ganz Europa. Bei Bedarf komme ich auch gerne in Ihren Betrieb!
In diesem Buch möchte ich allen Freunden der Schnitzkunst noch mehr Ideen und Anregungen vermitteln, um auch in Zukunft den Gast wissen zu lassen, dass er besonders willkommen ist. Das Lehrbuch Wang Nr. 2 ist in verschiedenen Schritten aufgebaut und spricht Anfänger wie auch Fortgeschrittene an.
Viel Spass und Erfolg beim Ausführen der Schnitzereien!

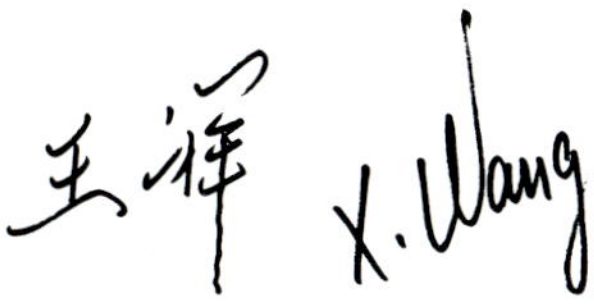

Xiang Wang

Dear carving enthusiasts

My courses have given me the opportunity to meet many people with an interest in carving fruit and vegetables over many years. Some of the people who tackled this Asian art were professionals from the catering trade, but there were also quite a few courageous housewives, doctors and even policemen among them. It always fills me with particular satisfaction when enthusiastic course participants leave at the end of the course telling me that they would never have believed that they could learn this skill so quickly. Meanwhile I have started to teach all over Europe. I can also come and teach you in your own premises if required!
In this book I want to take the opportunity to share even more ideas and suggestions with carving enthusiasts to help them continue to make their guests feel special and welcome. The Wang textbook number 2 includes a variety of steps and is suitable for beginners as well as experienced carvers. Have fun completing the carved decorations – I wish you every success!

Chers amis de la sculpture

J'ai depuis des années le plaisir d'accueillir à mes cours beaucoup de personnes qui s'intéressent à l'art de sculpter les fruits et légumes. A côté de professionnels de la restauration, beaucoup de femmes au foyer, et même des médecins et des policiers, ont relevé le défi que représente l'apprentissage de cet art asiatique. C'est chaque fois gratifiant d'entendre les participants passionnés prendre congé à la fin de mes cours avec les mots: «Jamais je n'aurais cru que je pourrais apprendre cela si rapidement!» Entre-temps, j'enseigne dans l'Europe entière. Sur demande, je me rendrai également très volontiers dans votre entreprise pour un cours sur place!
Dans cet ouvrage, je voudrais fournir à tous les amis de la sculpture gastronomique encore plus d'idées et d'impulsions, afin qu'ils puissent toujours réserver à leurs hôtes un accueil hors du commun. Le manuel Wang n° 2 est structuré en plusieurs étapes et s'adresse aussi bien aux débutants qu'à ceux qui veulent perfectionner leur art.
Je vous souhaite beaucoup de plaisir et de succès dans la réalisation de vos sculptures!

Cari amici dell'arte dell'intaglio

Da anni è per me un piacere dare il benvenuto a quanti decidono di partecipare ai miei corsi di arte dell'intaglio. Una schiera di interessati che si fa sempre più nutrita. Non sono solo i professionisti del settore gastronomico, infatti, ad interessarsi a quest'arte orientale, ma anche la gente comune: casalinghe, medici e persino poliziotti. Per me il miglior complimento è sentir dire da un partecipante entusiasta poco prima della fine del corso: «Non avrei mai creduto di poter imparare tutto così presto!» Impartisco anche lezioni in tutta Europa. Se lo desiderate, posso venire da voi, presso la vostra azienda!
Questo libro intende trasmettere ulteriori idee e suggerimenti a tutti coloro che si dilettano in quest'arte, per far sentire concretamente ai loro ospiti quanto siano benvenuti. Il Manuale Wang no. 2 è articolato in fasi progressive, facili da seguire sia per i principianti che per gli avanzati. Vi auguro grande successo nell'esecuzione di queste proposte!